高等职业院校新形态通识教育系列教材

微课版

大学美育

刘繁荣　王明昱◎主编

人民邮电出版社

北京

图书在版编目（CIP）数据

大学美育：微课版 / 刘繁荣，王明昱主编. -- 北
京：人民邮电出版社，2024.8
高等职业院校新形态通识教育系列教材
ISBN 978-7-115-63885-4

Ⅰ. ①大… Ⅱ. ①刘… ②王… Ⅲ. ①美育－高等职
业教育－教材 Ⅳ. ①G40-014

中国国家版本馆CIP数据核字(2024)第048317号

内 容 提 要

本书结合美学基础理论，以及对美的欣赏、对美的创造等内容，立足美学观点，探索审美规律。
本书共 8 个项目，包括开启探美之旅、感受自然美、体验生活美、欣赏艺术美、品读文学美、探悉科
技美、发现劳动美、发扬社会美。

本书采用项目任务式结构，形式新颖，内容翔实，精选了与美的事物、美的艺术、美的人格精神
等有关的丰富内容，并融入中华优秀传统文化精髓，由浅入深地引导大学生感受美、欣赏美、创造美、
传承美，激发大学生的审美情感，提升大学生的审美能力，促进大学生人格的完善与发展，实现美育。

本书可作为各类高等院校与美育相关专业的教材，也可作为读者提升审美能力和艺术修养的自学
读物。

♦ 主　　编　刘繁荣　王明昱
　　责任编辑　楼雪樵
　　责任印制　王　郁　彭志环
♦ 人民邮电出版社出版发行　　北京市丰台区成寿寺路 11 号
　　邮编　100164　电子邮件　315@ptpress.com.cn
　　网址　https://www.ptpress.com.cn
　　北京隆昌伟业印刷有限公司印刷
♦ 开本：787×1092　1/16
　　印张：11.25　　　　　　　　2024 年 8 月第 1 版
　　字数：243 千字　　　　　　 2025 年 9 月北京第 3 次印刷

定价：49.80 元

读者服务热线：(010)81055256　印装质量热线：(010)81055316
反盗版热线：(010)81055315

正所谓，爱美之心，人皆有之。自远古时代，"爱美"就刻进了人类的基因里，并伴随着人类文明发展的历程。

美是艺术文化，也是精神文明。自党的十八大以来，国家就高度重视美育工作。2019年4月，教育部印发了《关于切实加强新时代高等学校美育工作的意见》，提出要"规范公共艺术课程，加强公共艺术课程教材建设"。2020年10月，中共中央办公厅、国务院办公厅印发了《关于全面加强和改进新时代学校美育工作的意见》，强调弘扬中华美育精神，以美育人、以美化人、以美培元，把美育纳入各级各类学校人才培养全过程。党的二十大报告指出，全面贯彻党的教育方针，落实立德树人根本任务，培养德智体美劳全面发展的社会主义建设者和接班人。坚持以人民为中心发展教育，加快建设高质量教育体系，发展素质教育，促进教育公平。

美育是帮助大学生开启美的大门、探寻美的奥秘的钥匙，可以扩大大学生的知识面，提升大学生的创造能力，帮助大学生陶冶情操、完善品德、健全人格，促进大学生健康发展，树立正确的价值观。

为了加强美育，提升美育质量与效果，我们从包罗万象的美中选取了较典型的自然美、生活美、艺术美、文学美、科技美、劳动美、社会美等内容编写了本书，以期全面培养大学生的审美能力和人文素养。

从内容编排与结构设计上看，本书在以下几个方面具有突出的特点。

（1）**内容**。人类一直在创造美，美的范畴十分宽广。自然是美，艺术是美，科技是美，法治是美，一切进步的事物都有美的内涵，因而想要全面介绍美是比较困难的。本书本着贴近社会的原则，选取与人们的生活息息相关的美，对这些常见的美、典型的美、进步的美进行介绍，从而帮助大学生切实认识身边触手可及之美。

（2）**语言**。从2000多年前开始，古代先哲就已经在研究美。美是丰富的，也是深奥的。为了便于大学生快速认识美，本书将理论简单化，运用直白而富有意趣的语言，对美进行描述，构建美的意境，引导大学生产生关于美的想象，进而加深大学生对美的理解和认识。

（3）**结构**。审美是一项实践活动，为了让大学生深入学习美、亲身感受美，本书各项目设置了发现美、探索美、体验美、创造美4个板块。"发现美"引导大学生主动发现美的事物，并积极思考；"探索美"引导大学生学习美的知识，加深对美的认识；"体验美"引导大学生去观看、感受并学习古今的自然之美、艺术之美、文明之

美、精神之美；"创造美"引导大学生参与审美实践，主动创造属于自己的美。

（4）**拓展**。为了拓展书中内容，帮助大学生形象地认识美，本书还配有丰富的视频等资源，读者通过扫描二维码即可观看。

由于编者水平有限，书中难免存在疏漏或不妥之处，敬请各位读者和专家指正。

编　者

2024年1月

目录

项目六
探悉科技美 ················· 125

项目七
发现劳动美 ················· 147

项目一
开启探美之旅

公元前800年—公元前200年是人类文明大爆发时期。在这一时期，古希腊文明、古印度文明、中国文明等各个文明都出现了伟大的精神导师和文化巨匠。西方称这一时期为"轴心时代"，在中国这一时期则被称作"百家争鸣"时期。

古希腊的苏格拉底、柏拉图、亚里士多德，中国古代的孔子、孟子、老子、庄子，这些人类文明的先师在那个古老的时期，不约而同地将音乐、绘画、文学等艺术教授给自己的弟子，并开启了关于"美"的探索。几千年后的今天，美依然是人们的精神食粮，我们依然在学习"美学"，研究关于美的理论，施以美的教育，用美滋养心灵与精神。

没有美的教育，就不可能有完整的教育。

——苏霍姆林斯基

发现美

发现人类最初的审美之心

爱美是人的天性，早在许多年前，古人类就已经萌发了审美之心。

1911年，英格兰诺福克郡出土了一件阿舍利石器，其制造者是生活在距今20万～170万年的直立人。那时的古人类发现了一块带有贝壳的石头，被它的独特吸引，将其加工成了石斧。

1933年，考古学家在北京周口店遗址发现了骨针和装饰品，这些骨针和装饰品由生活在距今2.7万～3.4万年的山顶洞人制造。考古学家猜测骨针可能用于缝制衣服，由兽牙、贝壳、小砾石组成的装饰品则用于佩戴，这些装饰品反映了古人类的审美之心。

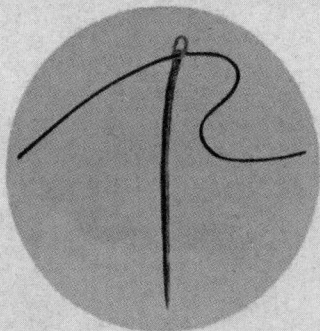

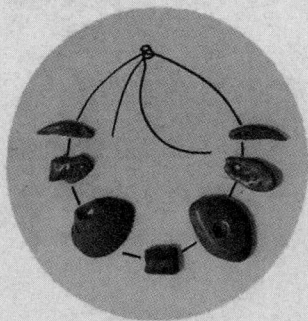

阿舍利石器　　　　　　　　　　　骨针和装饰品

2022年，中国科学院古脊椎动物与古人类研究所在宁夏鸽子山遗址出土遗存中，发现了一件具有复杂刻划纹饰的鹿牙艺术品，其制作年代距今1.2万～1.3万年。根据对鹿牙艺术品表面残存的红色、黑色物质进行理化分析，研究团队发现古人类可能是以赭石、木炭混合动物油脂制作黏合剂，从而将鹿牙犬齿固定于衣物之上并作为装饰的。

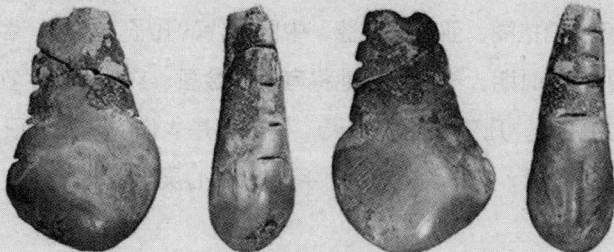

鹿牙艺术品

以我们今天的眼光来看，石斧、海贝项链、鹿牙艺术品或许太简陋，但我们无法否认，在那个粗犷的原始年代，古人类就已经萌发了对美的追求，在数十万年甚至百万年前，我们的祖先就已经认识到了美的存在，并且主动创造了美。

★ 探索美

✿ 探索目标

1. 认识美，了解古今学者关于美的理念。
2. 走近美，了解中华文化美育传统及近现代中国的美育探索与施行。
3. 培育美，提升个人的审美能力。

✿ 美美与共

学习美育知识，积累审美涵养，能够主动追求美，并有意识地提升自己的审美素养，养成健康的审美情趣。

任务一 认识美：什么是美

什么是美？古今哲学家、思想家围绕美进行了各种阐述，然而尽管人们从不同的角度解释美，对美的定义依然是悬而未决的。有人说美是比例，美是关系；有人说美是形式，美是理念；有人说美是秩序，美是和谐；有人说美是善良，美是真实……美是多元的，是立体的，是一种主观感受，1000个人眼中就有1000种美。

一、人对于美的朴素认识

早在旧石器时代，人类的祖先就萌发了对美的追求，这种追求伴随着基因不断延续下去，让人类天生就渴望美、亲近美。在生活中，每个人都有对"美""丑"的认识，这就是"本能审美"。现代医学研究发现，人在感受美的时候，杏仁核、眶额皮层和伏隔核等与情感相关的脑区的血流量增加，神经活动加强。可见，感受美、体验美是人的天性与本能。由此，人建立起了对美的朴素观念——美能让人产生身心愉悦的感觉。

如果我们更深入地探索，那么又可以提出一个问题："为什么美的事物能够使我们觉得愉悦呢？"我们或许可以从动物身上获得启示。

英国的动物行为学家发现，有一种叫银鸥的鸟，它黄色的长喙上有一个红点。银鸥的幼鸟会啄母鸟喙上的红点以求母鸟喂食。如果挥动一根末端漆有红点的棒，银鸥的幼鸟也会啄这个红点。如果改用一根末端漆有3道红杠的棍，银鸥的幼鸟的反应就会更强烈。

为什么银鸥的幼鸟喜欢红色呢？这是因为在它们的意识中，"红色=即将到来的食物"。将其扩展开来，就是"红色=食物=愉悦"。这在人类身上也有很多体现。例如，人类喜欢食物的鲜味，而"鲜"是味蕾对食物中的呈味氨基酸和呈味核苷酸等物质产生的感觉，主要源于蛋白质。人类喜欢鲜味，本质上是喜欢营养丰富的蛋白质。而在全球众多文化中都象征美好的甜味则代表着高热量，这在食物紧缺的远古时代对人类的生存是极为重要的。

可见，我们的本能审美具有浓郁的实用主义色彩，而基于人类的高度社会化，这种本能审美得到了更多的扩展。在基本的食物和保暖等需求得到满足后，人类对美的追求逐渐转移到了"非实用"的领域，如追求黄金、宝石、鲜艳的花朵等，这些事物更加接近我们认识中的美，但人类对这些事物的追求本质上出于展示自我、吸引异性、彰显权威等社交需求，这也是另一种形式的实用。

欣赏美

残缺的审美

19世纪的西欧是一片物质丰富、文化繁荣的乐土，然而正是在这一时期，西欧的社会名流们却掀起了一股在我们今天看来匪夷所思的审美浪潮——结核病崇拜。由于结核病患者普遍身形消瘦、脸色苍白、青筋毕现，低热带来的潮红被誉为"玫瑰香腮"，再加之久病后虚弱无力，他们的言谈举止都显得温文尔雅起来，他们身上也总流露出忧郁的气质，这引起了无数上层贵族和艺术家无限的浪漫主义遐想。

大诗人雪莱和济慈都是结核病患者，雪莱在给济慈的信中说"这种疾病更配得上你这样妙笔生花的才子"，可见当时人们对于结核病的追捧程度。诗人拜伦曾言"我的梦想就是死于肺病"。小说家大仲马哪怕未能如愿患上结核病，也要模仿结核病患者的神态及动作。

"以疾病为美"的审美让我们感到荒诞，然而这并非个例，欧洲贵族女性为追求细腰而不惜折断肋骨，我国古人也曾追求"三寸金莲"之美……这些历史上的审美浪潮为社会和个人带来的深重的灾难，正反映出人在本能审美上的缺陷。

感悟： 受限于个体认知，人们对于美的本能认识很可能是孤立、片面、狭隘的，这很容易将审美导向极端。因而，人的有些本能审美观念虽然在一段时间内流行，但却无法真正回答"什么是美？"这一问题。

二、西方学者对美的探索

早在公元前5世纪，西方学者就开始探索美的本质。柏拉图的《大希庇阿斯篇》记载，苏格拉底向希庇阿斯提出一个问题："什么是美？"希庇阿斯认为"美是漂亮的姑娘""美是黄金""美是有用"等，这些观点都被苏格拉底一一辩驳，最终苏格拉底不由感叹："美是难的！"

1. 美在理念

在记录了老师苏格拉底和希庇阿斯的故事后，柏拉图给出了自己对于美的观点。他认为美的事物不等于"美本身"，种种事物之所以美，是因为"美本身"把它的特质传递给某一事物，才使得事物美。柏拉图认为，客观事物的美并不是绝对的，而是相对的和易变的，只有美的理念才是真实、绝对、永恒的。事物的美，是对美的理念的模仿或外显。

柏拉图的理论对于后世的学者影响很大，美在理念这一理论也被广泛继承和发扬。近代德国哲学家黑格尔把美定义为："美就是理念的感性显现。"黑格尔认为美是感性东西的精神化，同时诉之于感性和理性。

2. 美在关系

17世纪法国启蒙思想家、"百科全书派"的代表人物狄德罗提出了"美在关系"的观点。其在著作《百科全书》中"美"的词条中写道："我把凡是本身就含有某种因素，可以在我们的理解中唤醒'关系'这个观念的性质，都叫作外在于我的美，凡是唤醒这个观念的性质，都叫作关系到我的美。"

狄德罗认为，我们认识的所有美的事物都具备一种共同的品质，这种品质赋予了事物美。同时，这种品质是一种"关系"，事物与我们的关系越紧密，则事物越美，反之事物越不美。例如"故乡"之美，每个人都有故乡，但人们往往会与自己的故乡建立起深厚、复杂的"关系"，因而自己的故乡即美，他人的故乡再美也难及自己的故乡。

更进一步，狄德罗指出世界上存在3种关系——实在的关系、相对的关系、虚构的关系，它们分别对应实在的美、相对的美、虚构的美。实在的美是指事物本身的美，如一片枫叶，它本身的颜色、纹路、形状等就是实在的美，实在的美是客观的。相对的美则是人们因与事物有"相对的关系"而产生的美，如我们在满地落叶中选出了自认为最美的枫叶，与这片枫叶建立了"相对的关系"，这就是相对的美。虚构的美主要指艺术创作，"艺术的美"往往要依赖"想象"来虚构。狄德罗说："一位雕刻家看到一块大理石，他的想象力会比他的凿刀更快地把石上多余的部分削去并在石上辨认出一个形象来，但这个形象纯粹是假想的或虚构的。"这就是虚构的美的表现。

3. 美是生活

19世纪，俄国哲学家车尔尼雪夫斯基在《艺术与现实的审美关系》的开篇就掷地有声地提出："美不是虚无缥缈的、神秘莫测的理念，而是可以实实在在领略到的东西，活生生的现实中的美应该是高于艺术美的。"车尔尼雪夫斯基认为美是由客观、现实的美的事物引起的我们主观感性的对美的欣赏，即美感。人们热爱生活，觉得美的事物与生活有关，所以美在生活。至此，车尔尼雪夫斯基认为"美是生活"。

柏拉图
古希腊哲学家、思想家

狄德罗
法国启蒙思想家、哲学家

车尔尼雪夫斯基
俄国哲学家

三、孔孟老庄的美学理念

与西方不同，在我国古代，人们并没有明确讨论"美"的概念，但却有大量关于美的阐述。中华传统文化偏重从人格、社会的角度来探讨美，对美进行脱离表象的解读，因而在美学上走出了与西方截然不同的道路。

孔子

儒家学派创始人

1. 孔子之"美"

孔子是春秋末期的思想家、教育家，儒家学派创始人，是对中华传统文化产生重要影响的一位"至圣先师"。他对于美的阐述散见于《论语》中，由于"仁"和"礼"是孔子哲学、政治和社会思想的核心，因而孔子的美学观念也多与"仁"和"礼"相关。

《论语·里仁》中有言："里仁为美。"意即跟有仁德的人住在一起，才是美好的。这也说明，孔子认为趋向仁、追求仁、实践仁就是"美"的。可见孔子将美与人的道德修养联系了起来，"君子成人之美，不成人之恶"（《论语·颜渊》）、"如有周公之才之美"（《论语·泰伯》）等都反映了这一理念。

《论语·八佾》中有言："子谓《韶》：'尽美矣，又尽善也。'谓《武》：'尽美矣，未尽善也。'"《韶》是舜时的乐曲名，《武》是周武王时的乐曲名，为何孔子认为二者都"尽美"，而《武》未能"尽善"呢？汉代经学大家郑玄对这一句的注解为：《韶》"美舜自以德禅于尧；又尽善，谓太平也"，《武》"美武王于此功定天下；未尽善，谓未致太平也"。意即，舜受禅让为王，名正言顺，所以其乐曲能够"尽善尽美"，而武王以征伐定天下，《武》含有暴力、争权夺利等意味，虽在韵律上能够"尽美"，但在思想上没能"尽善"。可见，孔子认为艺术创作之美不仅需要具备艺术呈现效果上的"美"，还要具备思想内容上的"善"。

🌸 **欣赏美**

《诗经》中的君子之美

《诗经·淇奥》中有言："……有匪君子，如切如磋，如琢如磨。瑟兮僩兮，赫兮咺兮……有匪君子，充耳琇莹，会弁如星……有匪君子，如金如锡，如圭如璧。宽兮绰兮，猗重较兮。善戏谑兮，不为虐兮。"这首诗歌描述了一位人民眼中的文雅君子，他似象牙精心切磋，如玉石反复琢磨，他庄重威武，轩昂堂皇。他耳边的宝石晶亮，帽上的美玉灿烂，他的才学精如金锡，德行洁如圭璧。他宽厚温柔，幽默风趣，待人平易。

《毛传》中有言："治骨曰切，象曰磋，玉曰琢，石曰磨。"骨、象、玉、石都是至坚之物，因此需要切、磋、琢、磨，才能锻造成精美可用的器物。君子也一样，君子必须仪容端庄，心胸阔达，内外兼善，才能与金、锡、圭、璧等世间珍稀之物一样，具有令人向往之美。

▌**感悟：**君子之美内外兼修，本质上是人们对于理想品德和理想姿态的追求，反映的是中国古代的审美观念。

2. 孟子之"美"

孟子是继孔子之后儒家学派的又一代表人物，有"亚圣"之称。在与孟子相关的典籍中，我们也可以见到关于美的论述。

《孟子·尽心下》中有言："可欲之谓善，有诸己之谓信。充实之谓美，充实而有光辉之谓大，大而化之之谓圣，圣而不可知之之谓神。"意为"受人喜欢的品质为'善'；自身确实具有'善'而非有意伪装为'善'，就叫'信'；'善'充实于身，就叫'美'；既充满善，又有光辉，就叫'大'；既'大'又能感化万物，就叫'圣'；'圣'到不可测度，就叫'神'"。可见，孟子继承了孔子"尽善尽美"的观点，认为"善"是"美"的基础和前提。同时，孟子进一步提出了"充实之谓美"，即人格的特质通过内在充实而彰显于外，一个人内在充满了善、诚等良好的品德后，自然就会外显出美。朱志荣教授认为，"善—信—美—大—圣—神"层层递进的关系反映出道德上升到一定境界时便具有了审美的意味。孟子依此将道德目标、人格精神和审美愉悦联系在一起，将伦理道德上升到了美的境界。

孟子

儒家学派哲学家、思想家

3. 老子之"美"

老子是道家学派创始人，也是春秋时期著名的思想家与哲学家，其对于美的解释与儒家大不相同。老子的美学思想代表了传统的中国美学，既是美学，也是哲学。

老子的哲学思想的核心是"道"，正所谓"道生一，一生二，二生三，三生万物"。"道"是"天地之母""万物之宗"，是一切事物产生的动力和最后的归宿。天地间的万物，无论是天然的还是人工的，都源于"道"，因此，万事万物的"美"也都是"道"赋予的，这正和柏拉图"美在理念"的理论殊途同归。"道"作为一个抽象的实体，赋予事物"美"，事物的"美"都是对"道"的反映。

老子

道家学派创始人

"天下皆知美之为美，斯恶已；皆知善之为善，斯不善已。"意为天下人都知道美之所以是美的，是因为丑的存在；都知道善之所以为善，是因为不善的存在。老子指出了凡事是相对存在和相互依赖的，两者缺一不可。同时，美作为一个相对于恶的概念而独立存在，而不是形容一种状态、形式和特征。老子对于美的观念，使得美在我国历史上第一次具有独立的范畴，在美学史上有重要意义。

"五色令人目盲，五音令人耳聋，五味令人口爽，驰骋畋猎令人心发狂，难得之货令人行妨。是以圣人为腹不为目。故去彼取此。"老子在这里所谈到的五色、五音、五味等都是人们所认为的"美"，但他为什么要"去彼取此"呢？五色、五音、五味等主要是指感官上的享受，是一种直接、简单的生理刺激，而圣人则摒弃这种生理上的"美"，"为腹不为目"，只保持基本的温饱。其隐含的意思即是要人们脱离感官刺激的"低级美",转而去追求道德、品质、生活方式等"高级美"。

4. 庄子之"美"

庄子是战国时期的思想家、哲学家、文学家，也是道家学派的代表人物。庄子继承和发展了老子"道法自然"的观点，推崇以自然为美。

庄子说："天地有大美而不言……圣人者，原天地之美而达万物之理，是故圣人无为，大圣不作，观天地之谓也。"天地有"大美"，是为"道"，自然万物本身就蕴含了"道"，渗透了"道"，因此自然万物本身就是美的事物，就是美的艺术品。《庄子·外篇·天道》中有言："朴素而天下莫能与之争美。"即按自然规律发展、绝无人工痕迹的事物，才是最美的。

庄子
道家学派思想家、哲学家

在审美上，庄子认为人为的、人工的美是下乘的，甚至应该舍弃。《庄子·外篇·胠箧》中有言："擢乱六律，铄绝竽瑟，塞瞽旷之耳，而天下始人含其聪矣；灭文章，散五采，胶离朱之目，而天下始人含其明矣。"他认为毁灭人造的音乐，天下人才能保持原本的听觉，消除人造的形状、色彩等，天下人才能保全他们原本的视觉。这样的说法虽然有偏激之嫌，但指出了美应该符合自然规律。

庄子在《庄子·内篇·齐物论》中提出了"万物齐一"的观点，认为美丑都是相对的，并极力否定绝对的美与丑，因此也否定了划分世俗美丑的意义。庄子认为不论美丑，只要将它们视为自然，合之于"道"，那它们都属于美的一种形式。《庄子·内篇·德充符》中讲述了大量的形残德全之人，他们虽然外形丑陋，却具有美的心灵，符合"道"，所以仍然很美。

欣赏美

中国古代所认为的美

受古代思想与哲学观念的影响，中国古代对于美的定义多是内容上的，而非"形式"上的。例如，钟嵘认为美在"滋味"，刘禹锡认为美在"象外"，司空图认为美在"味外之旨"或"韵外之致"，王昌龄认为美在"意境"，严羽认为美在"兴趣"或"妙悟"，王士禛认为美在"神韵"，袁枚认为美在"性灵"……

假设要描绘一幅"踏花"之图，奔马踏过落花小径只是"踏花"的表象，蝴蝶追逐奔马之蹄才是"踏花"的意境和神韵，这也是中国古代所认为的"美"的形式。

感悟：中华传统文化中对于美的认识具有鲜明的民族特色，这与我国的传统思想、传统哲学观息息相关。

四、马克思主义美学观念

卡尔·马克思运用"美的规律"这一论点，形成了"马克思主义美学"，开启了现代对"美"这一研究的新篇章。

对于美的来源，马克思在《1844年经济学哲学手稿》等著作中提出：劳动创造美。马克思认为，社会的生产劳动过程本身就是美的，因为它能够使人在自然物中实现自身目的。劳动是人类活动中最频繁普遍的活动，也是最基本的创造自身的活动。人类通过劳动一步步建立了社会，发展了文化，并不断生产和改进食物、衣物、工具、能源等。在这一过程中，人类通过劳动进行音乐、文学、绘画等艺术的创作，同时，也通过不断的劳动认识自然、改造自然。因此，无论是实用的美、艺术的美还是自然的美，其根源都是劳动。

马克思认为，"由猿到人"的跨越依赖于劳动，随着劳动不断增多，人类的思维、意识开始得到强化，人类因此突破了"纯动物意识"，萌发了对"美"的渴望，进而探索美、发现美、认识美、利用美。在劳动过程中，人类的手、脑等都得到开发，并且语言的产生为人类创造了交流、沟通的良好途径。基于此，人类才能够掌握"美的规律"，并将其应用于劳动中，产出自然界原本没有的"美"，如华美的衣物、美丽的艺术品、动听的旋律等。

任务二 走近美：美与美育

教育家凯洛夫说："审美教育是学生全面发展不可或缺的一部分。它的本质是理解自然和社会的美，理解人与人之间关系的美，从艺术的角度理解周围的现实，培养艺术美的创造力。"美育，是审美的教育，是美感的教育，更是对于人精神的教育。为了深入学习党的二十大精神，大力发展美育，教育部等相关部门颁发了各类政策文件，对当代高等院校美育提出了相关要求。我们可以立足当前美育的需要，了解西方美育历程，学习中华美育精神，体会国家和民族的价值观。

一、从美学到美育

如同美学的诞生先于"美学"这一概念的提出，美育的历史同样早于"美育"这个词语。早在古希腊和古罗马时期，斯巴达城邦教育就将舞蹈与体操相结合，雅典城邦则设立了弦琴学校以教授学生唱歌和吟诗，这被称为"缪斯教育"（缪斯是希腊神话中文艺女神的统称）。在理论上，哲学家柏拉图在《理想国》中描摹了对青少年实施以歌唱、舞蹈、演奏等为主要内容的全面、系统的艺术教育，并提出用音乐教育培养"城邦保卫者"的观点。亚里士多德则主张阅读、书写、体育、音乐、绘画和谐发展，认为"美是一种善"，肯定了美引人向善的作用。此时的美育局限于艺术教育，可称为"关于美的教育"。

在中世纪的欧洲，仅有音乐作为"七艺"之一，成为修道院教育的主要内容，但此时的音乐教育充满了宗教神学色彩，专为神学服务，失去了其本来面目。随着文艺复兴和启蒙运动的兴起，美学焕发新生，"文学三杰"（但丁、彼特拉克和薄伽丘）、"美术三杰"（达·芬奇、米开朗琪罗和拉斐尔）等一大批划时代的艺术家们的涌现，让"美"达到了高峰，社会对于美育的需求也随之高涨，美育已经呼之欲出。

18世纪，鲍姆加登把"美学"从哲学中独立出来，美学从此建立了自己的学科体系。18世纪90年代，德国著名诗人席勒在著作《美育书简》中第一次提出"美育"的概念："有促进健康的教育，有促进认识的教育，有促进道德的教育，还有促进鉴赏力和美的教育。这最后一种教育的目的在于，培养我们感性和精神力量的整体达到尽可能和谐。"这一言论，成为美育诞生的宣言。19世纪中叶以后，随着工业的发展，美育实践也得以强化，万国工业博览会（世界博览会的前身）于1851年在伦敦的海德公园成功举行，这是一次规模空前、受关注度空前的艺术和工艺展览，揭开了欧美工艺展览活动兴盛的序幕。各国随之建立起林林总总的美术馆、工艺馆、艺术院校，美育也通过这一系列路径触及千家万户。

二、中华文化美育传统

美育的概念及相关理论虽不是在我国提出的，但美育在我国并不是空白的，甚至可以说，我国是具有悠久美育传统并从未令其中断的国度。

我国有史可查的审美活动早在先秦时期就已出现，《尚书·虞书·舜典》记载：舜要求乐官夔用乐去"教胄子，直而温，宽而栗，刚而无虐，简而无傲"。可见舜在当时已经意识到了美对于人的教育作用。周公旦"制礼作乐"，对我国社会、思想文化、历史都产生了重大而深远的影响，而其中的"乐"正是广义的艺术。西周贵族教育的基本学科"六艺"，即礼、乐、射、御、书、数，可见当时社会对美育的重视。

孔子也积极提倡美育，肯定了美育对于人的精神的影响力，提出"兴于《诗》，立于礼，成于乐"（《论语·泰伯》）等观点。儒家将艺术及更广泛的美作为"教化"的有效手段，汉武帝时期"罢黜百家，独尊儒术"，使儒学成为我国封建史上唯一的"官学"，儒家的美育传统也随之持久地传承下来。

在孔子之后，历代士大夫都重视美育的作用。王粲在《荆州文学官志》中提出"夫文学也者，人伦之首，大教之本也"的观点，意即将文学看作"人伦之首"。曹丕则将文章（文学）看作"经国之大业，不朽之盛事"。金圣叹在《水浒传回评》中的说法则更加直观，他说《水浒传》"写鲁达为人处事，一片热血，直喷出来。令人读之，深愧虚生世上，不曾为人出力"，指出小说情节有强大的感染力，能够激发人的羞愧之心，促使人"醒悟"。可见，中国古代虽无美育之名，但历代文艺家无不注意到了文艺作品的教育意义，我国美育，古已有之。

三、近代中国的美育探索

近代，西方的各种思想传播到国内，彼时国内的进步知识分子认识到美育的作用和力量，将相关理论引入我国。

王国维受康德、席勒等人的思想影响极深，在文学、哲学、美学、史学等方面均有很深的造诣，他将"美育"这个概念加以翻译并带入我国，提出"完备之人物不可不备真善美之三德""教育之事亦分为三部：智育、德育（即意志）、美育（即情育）是也""美育者一面使人之感情发达，以达成完美之域；一面又为德育与智育之手段，此又教育者所不可不留意也""三者并行，而得渐达真善美之理想，又加以身体之训练，斯得为完全之人物，而教育之能事毕矣"（《论教育之宗旨》），较为系统地阐释了美育的理念和主张。

蔡元培是我国杰出的教育家、思想家，他也在积极推动美育的发展和普及。1912年，他发表《对教育方针之意见》，提出"美育主义"，强调"五育并行"（"五育"即军国民教育、实利主义教育、公民道德教育、世界观教育、美感教育）的教育方针。之后，他又主持制定了《大学令》《中学令》，奠定了中国从幼儿园到小学、初中、高中，以及大学研究院的现代教育制度。1917年，蔡元培在任北京大学校长时，设置美学课程并亲自授课。

1913年，鲁迅发表《拟播布美术意见书》，提出"（美育）其力足以深邃人之性情，崇高人之好尚，亦可辅道德以为治"。1919年，著名画家刘海粟、丰子恺等人联合成立了我国第一个美育学术团体——"中华美育会"，并于1920年创刊出版了我国第一本美育学术刊物《美育》杂志，积极研究和宣传美育思想。1922年，蔡元培发表《美育实施的方法》，论述了从社会、学校、家庭3个方面实施美育的要求和方法，虽然其中的许多方法难以推行，但这仍然不失为一次有益的尝试。

在近代，我国大量学者对美育事业做出了全面的探索，但出于孱弱的国力、连绵的战火、落后的社会面貌等种种原因，美育的普及性仍旧比较低。

四、现代美育课程建设

新中国的成立使古老的中华大地焕发新生，美育也终于等到了最好的发展时机。

1951年，时任教育部部长的马叙伦在全国中等教育会议的闭幕词中说，全面发展的原则是"使青年一代在智育、德育、体育、美育各方面得到全面发展"。《义务教育法》《教育法》《中共中央国务院关于深化教育改革全面推进素质教育的决定》等文件无不肯定美育的重要意义，并大力提倡发展美育。

2020年，中共中央办公厅、国务院办公厅印发《关于全面加强和改进新时代学校美育工作的意见》，指出"美是纯洁道德、丰富精神的重要源泉。美育是审美教育、情操教育、心灵教育，也是丰富想象力和培养创新意识的教育，能提升审美素养、陶冶情操、温润心灵、激发创新创造活力"，要求"弘扬中华美育精神，以美育人、以美化人、以美培元，把美育纳入各级各类学校人才培养全过程，贯穿学校教育各学段，培养德智体美劳全面发展的社会主义建设者和接班人"。

2022年，教育部办公厅印发《高等学校公共艺术课程指导纲要》，指出公共艺术课程（包括美学和艺术史论类、艺术鉴赏和评论类、艺术体验和实践类等3种类型课程）是实施美育的主要途径，对提高学生的审美和人文素养，培养创新精神和实践能力，塑造健全人格，具有不可替代的价值和作用。

加强美育是培养新时代人才的重要途径，因此现今的大学美育要让学生不仅要学习美学理论，还要通过对中外经典艺术作品的赏析和对中华优秀传统文化的解读，培育创新能力、审美能力，提升审美追求，培养高尚情操，成为具备健全人格的高素质人才。

任务三　培育美：扣好人生的第一颗扣子

青年的价值取向决定了未来整个社会的价值取向，而青年又处在价值观形成和确立的时期，抓好这一时期的价值观养成十分重要。青年接受美育，就是培养正确的价值观，就像穿衣服扣扣子一样，如果第一颗扣子扣错了，剩余的扣子都会扣错。美育是传递真善美的教育。在美育中，人们以美陶冶情操，以美提升思维和认知能力，以美培养仁德修养，以美提升创造力、感悟力。美育是现代教育中的重要课程。作为当代大学生，我们应该了解美育的意义，积极主动地提升自己的审美能力，这样，千万具有审美能力与创造能力的青年团结起来，就能以大美化育人民，以大美铸就民族。

一、美育在全面发展教育中的意义

从古至今，我国美育的内涵都在不断变化和完善。最初的美育主要体现为艺术美和人格美的教育，后逐渐演变出意境美、境界美等精神内涵的教育。到了近现代，美育从强调对国民的改造，强调国家的图强自新，发展到提升国民文明程度，振奋民族精神，后又升华到实现社会主义精神文明建设，与德育、智育、体育、劳动教育相辅相成，倡导实现人的全面发展，成为我国素质教育中的重要组成部分。

1. 美育与德育

在我国古代，美育与德育密不可分，正所谓"尽善尽美""务善则美"，古人通过美育培养个人的认知、情感、意志和行为，并最终达到完善人格的目的。因此美育与德育二者相互渗透，相互影响。到了今天，美育依然是立德树人的重要途径。在各个教育阶段，学校通过实施美育帮助学生树立正确的历史观、民族观、国家观、文化观，陶冶其情操，净化其心灵。

2. 美育与智育

智育是有关知识的教育，是理性的教育，而美育主要用于培养个人的审美能力，是感性的教育。个人的能力是相互联系的，一种能力的发展与另一种能力息息相关。如果只接受智育，不注重认知、感受、创造性思维等能力的开发，则知识的吸收也会受到限制。因此在审美活动中，人们通过对情感的认识去观察、体会、感受客观对象，继而欣赏和创造客观对象。就如我们了解自然中的四季，不仅要从温度、湿度、昼夜长短等角度去认识它们，也要从植物生发、颜色变化等角度去认识它们，继而形成对科学知识的拓展和深入了解。

3. 美育与体育

体育可以增强体质、塑造形体、增进健康，正所谓"文明其精神，野蛮其体魄"，体育对于个人、国家都有极其重要的意义。体育是针对健康的教育，美育则是针对情感和心灵的教育。一个全面发展的人不能仅有健康的身体，还必须有健康的心灵，因而我们需要依靠体育来塑造形体美，依靠美育来塑造人格美，体育与美育二者结合，才能促进我们身心的健康发展。

4. 美育与劳动教育

劳动推动了人类社会的进步，创造了今天的世界。在劳动中，无数劳动者将自己勤劳、坚强、坚韧、刻苦、钻研的劳动精神篆刻在人类的发展史上。劳动教育就是对学生进行的热爱劳动、热爱劳动人民的教育活动，其本质上就是一种"美"的教育。美育能引导学生感受、领悟并学习这些劳动精神，亲自投入劳动，在劳动中焕发自己的热情，释放自己的创造力，将中华民族的优秀传统传承下去，在新时代谱写中国梦的新篇章。

二、大学美育的根本任务

美育不仅是美的形式教育或情感教育，还与德育、智育、体育、劳动教育息息相关，对于深化认知、提升修养、培育人格、开发智力等都具有重要影响。因此新时代大学生要正确认识美育的价值，以美立德，以美益智，以美践行，以美创新。

1. 以美立德

立德树人是新时代学校教育的重要使命，而美育是针对情感和心灵的教育，不仅可以提升人的审美素养，而且可以陶冶其情操、涵养其气质、激励其精神、美化其人格，因此我们要充分发挥美育塑造人、引领人、激励人的价值，在欣赏美、体验美的过程中实现精神美、心灵美。

2. 以美益智

美育可以启示真理，人在欣赏美的过程中可以获得各种启示与启迪。美育可以让人更懂得享受艺术和欣赏艺术，激发人的观察能力、想象能力和创造思维，使人在享受美的过程中获得身心上的愉悦，同时美也激励人去表达、去创造。这是欣赏美的意义，也是美育的根本任务。

3. 以美践行

审美活动是一项实践活动，我们既要融美于心，也要落美于行，也就是说，我们不仅要内修心灵之美，也要外修行为之美，内外相合，才是美育的理想效果。

4. 以美创新

从传统的艺术教育到如今的艺术、精神并重，美育的发展本就处于不断的创新之中。因而当代大学生接受美育，也要懂得在思维上、思想上、行为上创新，多角度审美，多方位思考美，让美育真正起到应有的作用。

三、大学生发展审美能力的方式

费尔巴哈曾说："如果你对音乐没有欣赏力，没有感情，那么你听到最美的音乐也只是像听到耳边吹过的风，或者脚下流过的水一样。"要发展审美能力，我们不仅要让审美对象在大脑中呈现，还要感受它，想象它，继而对它产生感情，并表达它，甚至创造它。

1. 提升感知力

感知包括感觉与知觉。感觉让我们认识世界万物，进入审美的大门，而知觉建立在感觉之上，让我们对所感觉到的信息进行加工处理，从而创造出审美的形式、结构。提升感知力，是提升审美能力的第一步。艺术家对于艺术的感知力往往十分强大，音乐家可以辨别每一个音符的音准，画家可以分辨每一幅画作的颜色，正是这种感知，让他们更能感受和察觉到艺术的美，从而创造艺术的美。我们即使天生不具备艺术家的敏锐感知力，也可以从听、看、说中积累经验，提升自己的感知力。

2. 开发想象

如果我们要基于感知到的信息进行创造，就需要想象。想象可以为感知到的信息赋予精神活力，正所谓"化境为情""化实为虚"，通过自由、深刻、富有情感的想象来创造一个超越感知的审美意象，不仅是对感知的一种升华，也是对创造美的铺垫。正如王维的诗作《鸟鸣涧》，诗人描绘桂花、空山、月、山鸟等意象，呈现出"鸟鸣山更幽"的意境美，而这意境美并不全然由意象（感知）塑造，同时也由想象带来。

3. 丰富情感

情感是一种特殊的心理能力，情感的丰富与否直接影响审美能力。在自然、艺术、人文等领域，情感是审美的源泉，中华传统美学也一直将情感看作审美创造的内部动力。艺术创作受情感推动，人文精神也以情感体现。因此，要提升审美能力，我们就要懂得释放情感，提升情感体验能力。

4. 表现与创造

审美是一项实践活动，审美能力最终也要落实到行动中。我们若具备了基本的感知、想象和情感能力，就需要将感知到的美表现出来。同时，我们还要创新性地将感知到的美应用到实践中去，如创造个人形象的美、创造生活环境的美、创造生活与人生的美。欣赏与创造是互相促进的，我们不断创造美，这也会进一步提升我们感知美、欣赏美的能力，从而提升我们的审美能力。

四、大学生接受美育的原则

"一个人的格调并不全是与生俱来的，它需要后天的陶冶与净化。"美育也一样。美育是一个复杂的过程，我们需要创新美育的途径，全方位、立体化地实现美育，达成美育目的。

1. 以优秀传统文化为引导

《关于全面加强和改进新时代学校美育工作的意见》指出，要弘扬中华美育精神，要强化中华优秀传统文化、革命文化、社会主义先进文化教育，要充分挖掘和运用各学科蕴含的体现中华美育精神与民族审美特质的心灵美、礼乐美、语言美、行为美、科学美、秩序美、健康美、勤劳美、艺术美等丰富美育资源。

中华优秀传统文化是我国文化的宝库，蕴含大量美的艺术、美的精神、美的情操、美的人格。因此当代大学生要挖掘并吸收中华优秀传统文化的精华，去体验和感受具有中华民族特征的自然美、艺术美、精神美。

2. 以立德树人为核心

立德树人是教育的根本任务，自党的十八大以来，党和国家就强调要坚持立德树人，把培育和践行社会主义核心价值观融入教书育人全过程。而美是纯洁道德、丰富精神的重要源泉，美育在"立德树人"上发挥着重要作用。因此大学生应该将美与德结合起来，培养高雅的审美趣味、审美态度和审美情操，让"德"由内而外地表现出来。

3. 以健全人格为根本

追求人格之美，是我国古代教育的重心，也是现代教育的目标。拥有健康的审美态度和审美情趣是培养健全人格的有效途径，就如我们欣赏乐观之美，欣赏自然之美，欣赏积极之美，这样的审美态度有利于我们乐观、自然、积极地去对待困难，认真生活，享受人生，从而形成优秀的品格与健全的人格。

4. 以大美社会为目的

大美社会，不是个人之美，而是家庭之美、社会之美，乃至民族之美、世界之美。而要实现这种大美，就要求当代大学生不仅应具备美的情趣、道德和人格，还应将其传播出去、弘扬出去，去感染他人，去影响他人，让更多的人知美，让更多的人向美。

⭐ 体验美

开启一场让身心皆美的旅行

在古代，交通非常不便，李时珍行走大江南北写出《本草纲目》，徐霞客游历祖国河山写出《徐霞客游记》，他们出游是为了追逐自己心中有价值、有意义的事，也是为了追逐自己的人生之美。

如今，交通便利，"大地动脉"——铁轨、"天空之网"——飞机、"海洋之路"——轮船，还有在城市之间穿梭的各种公共交通工具，不仅方便了我们的出行，也为我们探索美提供了更多可能。

古人说："读万卷书，行万里路。"见过世界，方知世界之大；见过美，方能感受美。请选择一个目的地，开启一场有意义的旅行，并在旅行中感受自然之美、人文之美、艺术之美、理想之美、人格之美……旅行之地可以是旅游景点，也可以是我们生活的校园一角、城市一隅。

⭐ 创造美

用镜头定格美好瞬间

世界处处充满了美，捕捉、定格美的时光，拥抱美的芬芳，能带来心灵的享受，也能带来审美能力的提升。我们不妨用镜头记录那些稍纵即逝的美，去享受美，也创造美。

1. 活动目的

发现美、感受美、理解美，主动记录生活中的美好瞬间，提升个人的审美能力与素养。

2. 活动形式

在一场旅行中，用镜头定格你认为美好的瞬间，可以拍摄城市、乡村，或植物、动物，或潺潺流水、茂密山林、蓝天绿地、似锦繁花……拍摄完成后，将照片制作成PPT、电子相册或短视频，并向同学分享你眼中的美。

3. 活动要求

（1）请同学们积极参与活动。

（2）在拍摄中应注意礼仪，不拍禁止拍摄之物，不偷拍、盗拍。

（3）活动结束后，总结自己的心得体会，记录自己的活动收获。

项目二
感受自然美

　　五千年的历史长河，孕育了繁荣的中华文明，也孕育了中国式的独特生态哲学。宋代唯物主义哲学家张载提出"民胞物与"的哲学理念，指出一切人、物都是天地所生的，天地之物都是人的同胞兄弟，人不仅要爱他人，还要爱自然。

　　所谓天地万物，其实就是自然界中的客观事物。这些客观事物为何会成为人们喜爱的对象呢？它们又美在何处？

　　自然使一切皆生存在美丽里。

——沈从文

大学美育（微课版）

⭐ 发现美

诗画里的大美自然

自然何美？

日月星辰，山川湖海，飞潜动植，都各有其美。

古人挚爱自然，将山河壮景描绘成诗画。今人通过这些诗画，仿佛依然能看到旧时的名川大山、锦绣山河。

视频：《溪山行旅图》赏析

（1）诗里的自然

    江碧鸟逾白，山青花欲燃。——杜甫《绝句二首·其二》

江水碧绿，鸟儿从江面飞过，羽毛被映衬得更加洁白。山色青翠，红艳的野花像火一样热烈，似乎将要燃烧起来。

    大漠孤烟直，长河落日圆。——王维《使至塞上》

浩瀚沙漠中，孤烟直上云霄。黄河边上，挂着一轮浑圆的落日。

    山随平野尽，江入大荒流。——李白《渡荆门送别》

山逐渐消失了，眼前是平坦广阔的原野，一川江水在这一望无际的原野中奔流。

    日出江花红胜火，春来江水绿如蓝。——白居易《忆江南》

晨曦映照着江岸边的花儿，使其比火焰还要红。春天的江水多么碧绿，绿得胜过了蓝草。

（2）画中的自然

千里江山图（局部）北宋 王希孟

北宋王希孟所绘的《千里江山图》，是宋代青绿山水画中的代表作，具有极高的

艺术价值。作者以笔墨绘制祖国的锦绣山河，村舍集市、渔船客舟、桥梁水车、林木飞禽等跃然纸上。画中的青绿重彩以矿石施就，显得色泽灿烂，层次分明。青山叠翠，既壮阔开朗，又细腻精到。仅观阅一幅画，就好似观阅了浩然万物，领略了山河壮美。

用耳朵聆听自然之美

美不仅可以用眼睛看到，还能用耳朵听到。

自然界中的阴阳、晦明、晴雨、寒暑、晨昏，都会催生万物，"发出"声音，这些声音蕴含了无穷的妙趣，也充满了无限的生机。

视频：聆听春天的声音

听春天的美：鸟叫、雨落、花开、叶摇、鱼游、蜂舞……

听夏天的美：蝉鸣、浪涌、雷鸣……

听秋天的美：叶落、稻响、鸟飞……

听冬天的美：雪降、冰破、风啸……

自然中从不缺乏美，只要你用心去听，每一处都精妙绝伦。

鸟叫

雷鸣

叶落

冰破

探索美

探索目标

1. 解读人与自然的关系，了解古今的人们对自然的态度变化。
2. 品味中华古典美学中的自然审美观，领悟古人的自然哲学思想。
3. 探寻大自然的形态与韵致，欣赏自然界的千姿百态。

美美与共

深刻认识和理解自然美的含义，关注自然与生态，通过对自然之美的探索和学习，树立现代自然观，实现与自然的和谐共处，并提升自身的审美素养。

任务一 解读人与自然的关系：敬畏、征服与共生

《山海经·海外北经》中描述了夸父逐日的上古神话传说，夸父族的首领夸父追赶太阳，但太阳炽烈异常，不断靠近太阳的夸父终因干渴而死。这个故事反映了中国古代先民了解自然、探索自然、征服自然的强烈愿望，同时也是人与自然关系变迁的一种印证。我们可以以该故事为引，来了解人对自然的态度变化，解读人与自然的关系。

一、敬畏、依赖自然

自宇宙产生，自然便已形成。

宇宙大爆炸催生了星辰，地壳运动塑造了陆地，流水汇集成海洋，大气循环造就了风、霜、雨、雪，阳光、水、土壤和空气孕育了生命……最终，人类在自然中诞生。

在人类诞生之前，自然都是"天然的自然"。而从"人猿相揖别"以后，自然发展的历史就逐渐有了人为的痕迹。

在原始社会时期，先民从自然中获取食物，对日月运行、风雨雷电、季节更替、洪水泛滥、野兽肆虐等自然现象充满了敬畏。在他们的眼中，人要受到自然"神灵"的支配，所以他们贡献祭品、跳起舞蹈、刻画图案，希望取悦"神灵"，以求丰收或避祸。步入农业社会以后，人类靠饲养、种植生活，对自然的恐惧有所减轻，但依然敬畏、依赖自然，任何一次自然的"风暴"，都会给他们带来灭顶的打击。

敦德布拉克洞穴彩绘岩画

远古先民狩猎牛羊，依靠自然获取食物，对自然充满依赖和崇拜。

二、征服、控制自然

随着社会的不断发展，生产力的逐步提升，人类适应自然、改造自然的能力大大提升。人慢慢由敬畏自然、依赖自然转变为征服自然、控制自然。特别是工业化大生产以后，人类对自然进行大量开发，这虽然推动了社会的高速发展，但也导致了一系列生态问题。我们生活的"大地"遭到了破坏，很多动植物失去了赖以生存的土地，人与自然的关系逐渐疏远。

世界上最大的珊瑚礁群——大堡礁

因全球气候变暖、海洋酸化、人类活动频繁等因素，为无数海洋生物提供安全的栖息地和繁殖地的大堡礁面临消失的危险。

三、与自然和谐共生

在对自然资源进行过度开发后，一次次严重的环境与生态危机让人们开始重新认识自身与自然的关系。西方一些哲学家、艺术家提出了重返自然的价值主张，呼吁人们贴近自然，体味自然。进入现代社会后，人们切身体会到了与自然和谐相处的重要性，开发了生态美学、自然美学、环境美学等一系列学科，主张与自然和谐相处，逐步找回对自然的情感与"信仰"。

生态兴则文明兴。作为国际社会上生态保护的倡导者和执行者，我国高度重视生态环境保护，努力建设人与自然和谐共生的现代化。

如今，自发保护生态之美，营造环境之美，已成为当代社会的准则和共识。

视频：生机盎然的湿地

✿ 欣赏美

云南野生亚洲象群的"北移南归"

2021年，云南西双版纳国家级自然保护区的一群野生亚洲象离开了自己的栖息地，踏上"北上之旅"，引起了全国乃至全世界的关注。人们纷纷猜测象群"北上迁徙"的原因，一路关注象群从普洱市墨江县迁徙至玉溪市元江县，途经红河州石屏县、玉溪市峨山县，进入昆明市晋宁区。在象群迁徙过程中，政府和民众组织大量人力、物力护送大象，为大象建"食堂"，为村民修防象围栏，实时监测、及时预警，避免人象冲突，保证人象安全，最终引导大象转向南下，顺利回归栖息地。

野生亚洲象群北上

感悟： 野生亚洲象群的这一次北上南归之旅历时124天，行程达1400多千米，这让全世界看到了我国生物多样性保护取得的成果，成为我国促进人与自然共生、人与动物和谐相处的生动范例。在守护象群的过程中，无论是参与者，还是围观者，都对自然深怀敬畏之心，对生命报以热爱与尊重，对构建人与自然和谐共生的地球家园贡献了自己的力量。

任务二　品味传统的自然审美观：顺应自然

人们探索自然，才会了解自然。西方探索自然，走上了科学之路；中国古代先民探索自然，则走上了人文之路。《庄子·外篇·知北游》载："天地有大美而不言，四时有明法而不议，万物有成理而不说。"这说明了天地之间有大美，四时运行有秩序，万物发展有规律。《庄子·内篇·齐物论》提出："天地与我并生，而万物与我为一。"其含义是，大自然造就了天地和我，我与天地万物共同统一于大自然之中。正是这种以人文的眼光对待自然的态度普遍存在，因此古人往往喜爱纵情山水，寄情自然。现在，我们可以从一些古代的诗作、辞章中品味古人的自然审美观，了解古人如何看待"人与自然和谐共生"这一生态命题。

一、亲近自然

莳花、候月、焚香、抚琴、听雨、对弈、寻幽、品茗，是为古代文人所赞赏的雅事。在这些雅事中，花、月、雨、幽（幽胜美景）、茶都与自然相关，这证明了古人亲近自然的本能。

中华文明自古以来就显现出对自然的超凡亲和力和较强的感悟力，翻开中华五千年的文化史或文学史，我们不难发现古人对自然的亲近、赞美之词。《诗经》中就有"桃之夭夭，灼灼其华""绿竹青青""杨柳依依"等写景的佳句，这都表现了人们对自然的欣赏和喜爱。且在此基础上，古人还基于不同的自然景别，探寻出不同的亲近自然的方式。

1. 仰观与俯察

古人很早就发现了天地自然之美。《易经·系辞上》言："仰以观于天文，俯以察于地理，是故知幽明之故。"所谓天文，即日月星辰等自然天体对象，地理即大地之上的山川原野、飞潜动植。二者相合，就是现代美学中的"自然"。古人通过仰观天上的日月星辰，俯察地面的山川原野等，从而知晓幽隐无形和显明有形的事理。因而仰观与俯察是人们亲近自然、观察自然的常见方式。

"日居月诸，照临下土。"

太阳和月亮的光芒照射在大地上。

"倬彼云汉，为章于天。"

银河浩瀚无边，灿烂地悬于高天之上。

这是古人仰观的天文之美。古人通过仰望浩繁星辰，感知其夺目光芒，崇拜其亘古恒久。

"鹤鸣于九皋，声闻于天。鱼在于渚，或潜在渊。"

仙鹤在幽幽沼泽中鸣叫，声音响亮直达云天。鱼在浅浅渚滩中游动，有时也会潜入渊潭。

这是古人俯察的地理之美。古人通过俯视大地来亲近一草一木、一鸟一石。

2. 观物与游物

观物就是观赏自然之物，是人在静止状态下对自然之物的欣赏。游物本质上也是观赏自然之物，但却是人在行动状态下欣赏自然之美。观物与游物是古时文人墨客亲近自然的主要方式。人们在观物、游物的过程中，可以了解自然之物的特性、功能、运动规律，对自然之物形成外在和内在的感知，这一方面使人们实现了对自然的审美欣赏，另一方面也有利于人们生活活动、科学活动的开展。

"桃之夭夭，灼灼其华。"

桃花开得美丽繁华，花儿像火一样明亮鲜艳。

"睍睆黄鸟，载好其音。"

黄雀的鸣唱真婉转啊，悦耳动听又嘹亮。

早期的先民在观物时为花朵的颜色、鸟儿的鸣叫所吸引，用语言对观物之趣进行描述，又用诗歌来咏唱。

"胡马大宛名，锋棱瘦骨成。竹批双耳峻，风入四蹄轻。"

这匹马是著名的大宛马，它那精瘦的筋骨像刀锋一样突出分明。它的两耳如斜削的竹片一样尖锐，它奔跑起来四蹄生风，疾速轻盈。

唐宋以后，古人观物更加深入，诗人用心察物、细腻状物，对自然之物的刻画愈加细腻、细致。

与观物相对的游物，即让人亲身游走在自然之中，亲近、接触各种自然对象。游物的观念最早起源于庄子的"逍遥游"，游物的关键在"游"字，要求人在动态的游走中感知、理解与体验自然，从而通过身体的移动、欣赏视角的变化，获得全新的审美体验。我国大部分山水之作几乎都是诗人、画家在游物时所记、所得。向自然学习，向自然靠拢，着力使作品呈现出自然的风韵，是中国传统艺术一以贯之的追求。

庄子说："山林与，皋壤与，使我欣欣然而乐与！"

山林与原野的自然风光，让我感觉如此欣然快乐。

南朝宋画家宗炳将庄子的思想转化为"澄怀味象"（用虚淡空明的心境享受自然山水）之游，宗炳年轻时便寄情山水，喜好到处旅游，晚年腿脚不便时，还要将游历中所见的景物绘于居室之壁以实现"卧游"。

二、天人合一

"天人合一"是中国传统自然审美观的代表思想，道家经典《道德经》云"人法地，地法天，天法道，道法自然"，指出自然是一切的根基。儒家中，宋代理学家程颢则提出"天人本无二"（《宋元学案》），心学家王阳明说："心即天，言心则天地万物皆举之矣"（《答季明德》），他认为"天""人"本为一体，"天心"与"人心"相通，即人与自然相与为一。

空山新雨后，天气晚来秋。

明月松间照，清泉石上流。

竹喧归浣女，莲动下渔舟。

随意春芳歇，王孙自可留。

——《山居秋暝》

王维的诗作被人们称为"诗中有画"，这首《山居秋暝》正是如此。

傍晚，踏上刚沐浴了一场新雨的石径，呼吸着初秋凉爽清新的空气，行走于松树林中，皎皎月光从松隙间洒下，淙淙泉水在山石上流淌，激起清扬的声音……在这样动人的景色中，人与自然已然融为一体。

在生活上，古人同样追求与自然合一，并由此造就了独一无二的中国园林景观。"江南四大名园"之一的留园便着重于运用水景和古树、花木来创造素雅而富于野趣的意境，其中的亭、台、楼、阁各色建筑，都是根据自然景色而设计建造的。同时，古人选花木以列盆景，造就田园风光；叠土石而成假山，勾勒旖旎山景；通沟渠方积湖泊，尽得大好湖光。古人将自然景色引入建筑群落，创造了宜人又雅致的居住环境，居于其中，晓看水光山色，夜听蝉鸣鸟啼，怎能不对自然喜爱万分呢？

留园

任务三　探寻自然的形态：诠释生态的诗意

自然是地球上万物共生、相互依存的状态，雪山冰川、火山岩浆、森林草原、湖泊河流等景观因为自然力量而演变形成；风暴、雷电、日出日落等现象因自然的作用而美丽神秘；动物在自然中奔跑、飞行、游动，植物在自然中开花、授粉、结果。自然不断地创造奇妙多彩的世界，我们可以从不同的角度来探寻自然的各种形态，诠释生态的诗意。

一、辽阔的陆地

在陆地之上，平原辽阔、山川秀美、峰谷险峻、河流奔腾，人目力所及的一切地域，无一不充满博大、朴实的美感。大地上的万物千姿百态，每一物都自有其独特的韵致，在不同的季节、天气，这些不同的韵致又呈现出不同的趣味，引得人们去发现、观赏和品味。

大自然的山，雄、奇、灵、秀，百态千姿，各怀绝景。春天的山妩媚，充满朝气；夏天的山苍郁，充满生机；秋天的山瑰丽，令人赏心悦目；冬天的山静谧，悄然无声。

春天的黄山

冬天的雪山

大自然的水，流畅、空灵，绵延不绝，生生不息。春天的河流活泼，夏天的河流奔腾，秋天的河流柔美，冬天的河流宁静。水流入海，广阔无垠，积流成湖，一碧万顷。水成瀑布、垂悬天际，水成溪流、时缓时急。水周而复始，是文明的源头，也是生命的序章。

碧绿的湖水

潺潺的溪流

山水之外，还有壮阔瑰丽的大漠、辽阔无垠的平原。狂风中的大漠恣意肆虐，风卷着砂砾奔跑，像平地升起了烟云。月夜中的大漠温和静谧，月光铺在砂砾上，恍若洒下的霜雪。春日的平原澄澈悠远，登高远眺，房屋、道路点缀其上，视野、心胸和天边的云层一样开阔。还有山林中的草木，原野上的花朵，生机勃勃，欣欣向荣。陆地上充满了美的景致，它们被人们观察、记录，被文学家、艺术家反复书写、描绘。

苍茫的大漠

辽阔的平原

🌸 欣赏美

消失的人间仙境——云梦泽

云梦泽，是江汉平原上的古代湖泊群的总称。在很多文学作品中，云梦泽都被描述为一个烟波浩渺、暮霭苍茫的人间仙境。

那么云梦泽究竟是什么样子的呢？

根据历史记载，云梦泽在古时的荆州楚地。《史记·货殖列传》记载："江陵故郢都……东有云梦之饶。"《河渠书》记载："于楚，则西方通渠汉水云梦之野。"这说明云梦泽在江陵以东的江汉平原上。

"云梦"一词在先秦古籍中并非专指云梦泽，而是指包括山地、丘陵、平原和湖泊等多种地貌形态在内的范围广阔的区域，"云梦泽"则是江汉平原上以湖沼地貌为主的一部分。

古时的云梦泽是一个美丽的原始生态区，不仅风景秀美，还生活着无数的珍禽异兽，生长着各种奇花异草，因此被人们传为神灵的栖居地，楚地神话中的"云中君"就被传为云梦泽之神。后随着时间的流逝，长江和汉江泥沙的冲积使云梦泽的生态逐渐发生变化，日渐浅平的云梦泽主体逐渐填淤成陆，一望无际的湖泊慢慢消失。最终，人们只能将对云梦泽的向往寄于诗歌与传说之中。

> **感悟：** 传说中的云梦泽就是陆地生态的一个缩影，远古的人们对神秘、美丽的云梦泽充满崇拜，幻想那是神灵的居所。但随着人类活动的频繁、地理环境的演变，美丽的云梦泽逐渐消失。今天的我们已经无法再见古时的云梦泽，因此要更加珍惜大自然的千姿百态，为保护大自然做出努力。

二、浩渺的海洋

海洋是地球上最广阔的自然环境之一，覆盖了地球表面70%以上的区域，它像地球表面的巨大盆地，被海水填满。海洋广阔无边，其中存在各种壮观的地理景观，例如大西洋中有著名的百慕大三角区、挪威峡湾和加勒比海地区，南太平洋中有美丽的大堡礁，西太平洋有马里亚纳海沟，北极海洋中有绚丽的极光和冰山。

大自然中的景观并非一成不变，而是时刻处于变化中的，海洋也不例外。海洋有时温和，阳光下的海浪轻轻翻涌，像巨大的鱼在快活地翻转，海面上细碎的波光，似片片鱼鳞；海洋有时暴躁，巨浪咆哮翻滚，气势磅礴、惊心动魄。正是这些不断变化的景象，让人感受到海洋的美感和震撼力，感受到大自然的神奇和宏伟。

蔚蓝的大海

有浮冰的海洋

三、无垠的宇宙

自古以来，人类对浩瀚无垠的宇宙就充满无限的好奇。宇宙神秘、瑰丽、壮观、神奇，人类在宇宙中是如此的渺小。宇宙中有各种奇幻的天体，行星、恒星、星云……它们在宇宙中交织、碰撞、膨胀、旋转、消逝，形成了一个个独特的景象。

美丽的蓝星、人类的家园——地球，围绕着太阳运行，获取光和热，

视频：神秘瑰丽的宇宙

以滋养生命。巨大而壮观的天鹅星云（也被称为M17或Omega星云），如同一只展翅欲飞的天鹅，在距离地球大约5500光年的宇宙中，发出灿烂的光辉，孕育着新的恒星。这一切，都吸引着人们不断地探索宇宙，感受宇宙的神秘博大。

太阳系八大行星

美丽的星云

四、美丽的生命

生命是自然界中最为神奇、多样和美丽的奇迹之一，关于生命的起源，科学家提出过推测，认为大约在35亿年前，原始的生命形式从海洋中诞生。

最初的生命形式可能是一些单细胞微生物，它们利用周围的化学元素和环境条件进行自我复制，逐渐进化出更为复杂的生命形式。时至今日，地球上最高级的生命形式——人类，又开始探索"生命"这一重要课题。

自然界的生命千姿百态，从微小的原生生物到高等的哺乳动物，每一种生物都独具特色，展现出了生命的光彩溢目之美。阳光唤醒冰河，鱼儿撞破河水跃出水面，春风拂过杨柳，鸟儿压低枝头，羚羊在旷野中奔跑，苍鹰在天空中翱翔，白鹇摇摆着羽毛，海豚追逐着鱼群……这些都体现了生命独具的韵味和美感。

生命意味着变化和创造。从生命诞生之初，到亿万年后的今天，大量的物种随着生态环境的变化不断适应和调整，展现出了自然和生命的不断演进之美。正是这种美，让人们可以更好地认知和欣赏生命，同时也推动人类在环境保护和生态建设上做出更多的努力。

展示羽毛的小鸟

奔跑的羚羊

跃起的海豚

潜游的鲸

⭐ 体验美

从《航拍中国》中感受山河之美

《航拍中国》是一部以空中视角俯瞰中国，全方位、立体化展示中国历史人文景观、自然地理风貌及经济社会发展变化的纪录片。它选取了各地最具代表性和观赏性的历史、人文、自然和现代景观，以空中飞行线路为线索，以故事化的叙事方式展现美丽中国、生态中国、文明中国。

请同学们访问央视网，搜索并观看《航拍中国》，领略我国大地的辽阔，倾听我国海域的澎湃，用心欣赏一丘一壑、一草一木，感受山河的壮美。

福建：鼓浪屿

四川：九寨沟

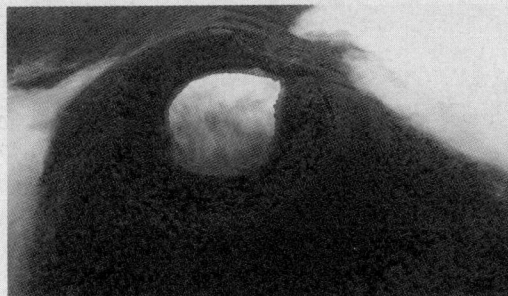

内蒙古：阿尔山天池

甘肃：祁连山

⭐ 创造美

开展以"传播绿色文明"为主题的生态活动

现代化进程的持续推进和人类活动的不断增加，让自然环境和生态系统的平衡被打破，许多动物、植物、天然美景都面临消失的危险，因此保护自然和生态已经成为全人类共同的责任。为了将这一责任落在实处，我们每个人都应该立刻行动起来。

1. 活动目的

倡导公益环保，走向大自然，亲近大自然，开阔视野，享受生活，推动更多人树立自然生态保护意识，爱护自然、保护自然。

2. 活动形式

请全班同学分组开展以"传播绿色文明"为主题的生态活动，每个小组4～6人，选择一个活动主题，策划一个活动方案。例如，可以"保护海洋""保护珍稀动植物""寻找自然美景"等为活动主题，完成活动内容的策划。

完成活动内容的策划后，再制订详细的活动方案。以"寻找自然美景"为例，相关活动方案如下。

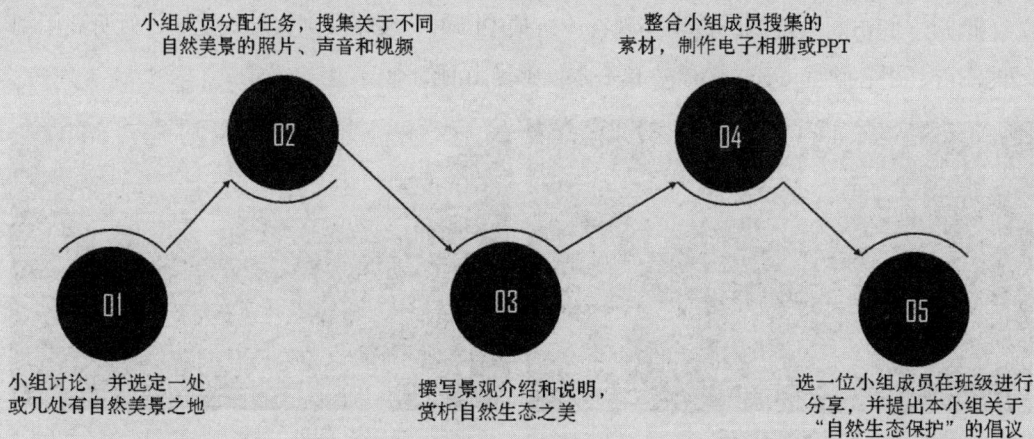

小组成员分配任务，搜集关于不同自然美景的照片、声音和视频

整合小组成员搜集的素材，制作电子相册或PPT

02

04

01

03

05

小组讨论，并选定一处或几处有自然美景之地

撰写景观介绍和说明，赏析自然生态之美

选一位小组成员在班级进行分享，并提出本小组关于"自然生态保护"的倡议

3. 活动要求

（1）请各小组成员积极参与活动。

（2）活动过程中注意安全，最好不要单独活动。

（3）活动结束后，总结自己的心得体会，记录自己的活动收获。

项目三
体验生活美

人类文明的发展从哪里体现出来？从生活中。

当人类为了生活鞣制兽皮以制作衣服，钻木取火以烹饪食物，奔跑攀爬以围猎野兽，文明的巨轮滚滚向前，美也自文明中诞生。衣、食、住、行、用，柴、米、油、盐、酱、醋、茶……为了丰富生活，人们不断创造物质、精神和文化，这都是生活美的体现。生活美为我们探索其他美奠定了基础，如果没有生活，那审美又从何处谈起呢？

生活中美好的事物是没有穷尽的。

——宗璞

⭐ 发现美

千百年前的古人如何生活

千百年前，古人的生活是怎样的？

宋代周密的《武林旧事》中记载："元夕节物，妇人皆戴珠翠、闹蛾、玉梅、雪柳、菩提叶、灯球、销金合、蝉貂袖、项帕，而衣多尚白，盖月下所宜也。"

上元节时，宋代的女子们精心打扮，佩戴闹蛾、玉梅、雪柳等各种漂亮的头饰，身着白衣，观游上元灯会。

《东京梦华录》中也记录了宋人逛街的好去处——"州桥夜市"，夜市中灯火通明，游人如织。人们在夜市中闲逛，夏天吃冰雪冷元子、水晶角儿、荔枝膏、广芥瓜儿、杏片、梅子姜，冬天品现烤现卖的猪皮肉、野鸭肉、滴酥水晶脍、煎角子。各种吃食不仅种类丰富，而且价格实惠。

明代州桥复原图

试想，古人结束了一天的繁忙，换上喜爱的衣裳，佩戴着漂亮的饰品，约三两好友同游夜市。夜市中灯火璀璨，美食繁多，人们一路欢声笑语，从街头逛到街尾，再乘兴而归。

鲜衣美食，人间烟火，这样的生活，真是好不惬意。

打造自己的生活美学

生活美学，体现在方方面面。

用美的器物装饰环境，用美的服饰装点自己，用美的态度应对人生……这些都是生活美的所在。

给生活一些仪式感，在房间里摆放照片，记录生活中的美好时刻。

在床头放一束花、一件心爱的物品。

挑选一身合适的衣服，见一见朋友。

摘一些银杏，采一捧菱角，挑选一套餐具，制作一顿美食……

选择一种生活方式，寻找自己的生活美学，体会生活的快乐，表达对生活的热爱。

⭐ 探索美

✿ 探索目标

1. 欣赏服饰之美，了解我国的服饰文化。

2. 鉴赏传统器皿，领悟各类器皿蕴藏的乾坤。

3. 了解我国具有代表性的饮食类别，品味茶、酒、食文化。

✿ 美美与共

感受生活，享受生活，通过对生活美的学习和探索，提高自己的人文素养，做"生活美学家"。

任务一　欣赏服饰之美：中华衣冠

《易经·系辞下》在叙述我国文明史时，提及伏羲氏象天法地（模仿天体或天文现象造筑和建设），神农氏制作耒耜（像犁的翻土农具），黄帝、尧、舜垂衣裳而天下治。尽管早在7000年前，河姆渡人就已经开始使用类似"踞织机"的工具纺织毛、麻，然而服饰的文明却要从"垂衣而治"开始。黄帝、尧、舜取象于乾、坤两卦，创制"上衣下裳"制，改制前人服饰，让人们穿着长垂的衣服，暗含着上衣对应天、下裳对应地的内涵。穿上这样的衣服，人就顺应了天地之道的自然运化。因此自古开始，服饰在中华大地上就有独特的韵味和内涵。我们可以沿着历史的轨迹去追溯服饰的变化，欣赏服饰华丽精美的外观，探寻服饰背后的意义。

一、服

《春秋左传正义》中言："中国有礼仪之大，故称夏；有服章之美，谓之华。"

从远古的人民学会养蚕纺丝开始，服装就在中华文明的发展中留下了浓墨重彩的印记。后随着历史的发展，人们的穿着与国家礼制联系了起来，服装就成了"衣冠之治"的象征。从古至今，服装始终见证人们生活、礼仪、文明、思想、审美的演化和社会的变迁，是人们生活中必不可少的一部分。

1. 服装之美的基本表现

在远古时期，自然环境恶劣，人类为了御寒、保护身体，就采集野兽的皮毛和树叶缝制成衣服。《嫘祖圣地》碑文称："嫘祖首创种桑养蚕之法，抽丝编绢之术……法制衣裳……是以尊为先蚕。"相传嫘祖发明养蚕，编织丝绸为人们制作衣裳，衣被天下，丝美中华，西周以来，尊其为先蚕。

与野兽皮毛相比，蚕丝制衣在御寒保暖的基础上，兼具了美化的功能，让远古的先民化丑为美、化俗为雅，让社会进入文明的阶段。从衣不蔽体到华衣盛服，服装的作用从保暖御寒逐渐演变为修饰自身、美化人体，这正是服装之美最基本的体现。

2. 我国传统服装的发展

服装伴随着人类的历史而发展，是人类文明特有的文化象征。服装之于中华民族，不仅挡风雨、避寒暑，是生活必需品，也是各族人民智慧的结晶和当时社会风俗的写照，具有深厚的文化意蕴和历史内涵。

（1）夏、商、周的"衣裳"

夏、商服装，以"上衣下裳，束发右衽"为特点，不论尊卑、男女，皆上穿衣，下着裳（裙），腰间束带。商晚期，各阶级的服装出现区别，当时的贵族大多上穿短衣，衣长及臀，袖长及腕，下穿带褶短裙，腰间束带，裹腿，脚穿翘尖鞋。

周时制礼作乐，统治者以严格的服装制度来显示自己的尊贵和威严，贵族和平民的服装有了明确区分，除了"上衣下裳"的衣服形制，这一时期还诞生了深衣和冕服两种典型服装。《礼记·深衣》记载：

> 所以称深衣者，以余服则，上衣下裳不相连，此深衣衣裳相连，被体深邃，故谓之深衣。

深衣是上衣和下裳相连在一起的一种礼服，交领右衽，小口大袖，续衽钩边。深衣分为两种形式，即曲裾深衣和直裾深衣。曲裾深衣是三角形衣襟，可从前往后、层叠缠绕。直裾深衣的衣襟下摆则多为竖直状。冕服则是古代天子、诸侯和大夫穿的礼服。冕服制度确立于周朝，其后为历代王朝所推崇。冕服一直使用十二章纹（冕服上绘绣的12种纹饰，分别为日、月、星辰、群山、龙、华虫、宗彝、藻、火、粉米、黼、黻）作为装饰，帝王们穿着这种"肩挑日月，背负星辰"的冕服，也表现了他们通过十二章纹获得"神力"、君临天下的渴望。

远古人类所穿的兽皮

晋侯墓出土的西周玉人

上穿衣，衣高领，领下左侧开短衽，束腰；下着裳，中有箭镞形蔽膝，脚尖向外上翘。

（2）春秋战国时期的胡服

春秋战国时期，深衣广泛流行，成为真正意义上的全民服装，它既是士大夫阶层的居家便服，也是庶民百姓的礼服。深衣一直流行到秦汉时期，直至魏晋南北朝之后，纯粹意义上的深衣才渐渐消失。此外，受赵武灵王"胡服骑射"的影响，胡服开始出现在汉族服装中。胡服是我国北方游牧民族的服装，他们为了方便游牧骑马，多穿窄袖短衣、长裤和靴子。胡服样式简洁，穿着方便，起初在军中流行。后来，胡服逐渐从军旅走向民间，在日常生产劳动中被人们频繁穿着，因此也得以在历史上经久不衰。

（3）汉代的深衣式袍服

秦汉时期，深衣十分盛行，特别是汉代，深衣成为"礼"的规范和穿着的标准。汉代服装依然以深衣和上衣下裳两类为主，这两类服装均沿袭商周以来的交领、右衽、襟带等基本结构特征。这一时期，曲裾深衣逐渐成为女子专用服装，其下摆呈喇叭状，长可曳地，行不露足。且衣领处也更有特色，常用交领，领口较低，可以露出几层里衣，富有层次感，因里衣可达3层以上，故称"三重衣"。东汉时，内衣改进，出现了有裆的裤子，曲裾深衣逐渐被直裾深衣取代。东汉时，直裾深衣继承了楚袍的样式，衣身宽博，下摆宽大，线条简洁，便于活动。

视频：汉代服装——
汉宫清影

曲裾深衣

直裾深衣

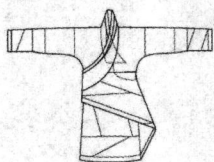

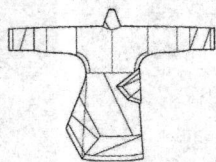

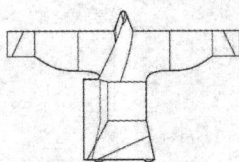

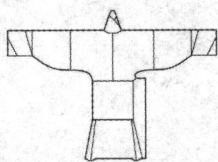

马王堆一号汉墓出土的深衣式袍服示意图

（4）魏晋南北朝时期的宽衣博带

魏晋南北朝时期的服装主要承袭秦汉遗制的汉族服装和少数民族服装。汉族服装改变了古人在袍衫外罩衣裳的习惯，直接以袍衫为外服；少数民族服装则以胡服最为流行。

魏晋时期的服装日趋宽博，上至王公贵族，下至黎民百姓，都崇尚宽衫大袖。魏晋时期汉族女性的服装仍然沿袭秦汉时期的风格，有衫、裤、裙、襦等形制。此外，这一时期还出现了一种杂裾垂髾服（因在服装上饰以"纤髾"而得名，"纤"指一种被固定在衣服下摆部位的上宽下尖、形如三角的装饰布，通常为丝织物；"髾"指从围裳中伸出来的长飘带）。如晋代画家顾恺之的《洛神赋图》中，洛水女神所穿的就是这种服装。

《洛神赋图》（局部）中的服装，顾恺之（晋）（宋摹本）

（5）隋唐的多元开放

隋唐时期是我国历史上极为繁荣辉煌的时代。在隋代，隋炀帝用服色区分等级贵贱，规定五品及以上官员穿紫袍，六品及以下官员穿绯袍或绿袍，胥吏穿青袍，庶民穿白袍，屠夫、商人穿黑袍，士卒穿黄袍。到了唐代，这一规定被沿袭，并形成了称为"品色衣"的衣着制度，这成为我国官服制度的一大特色。黄色也成为唐代及以后历代帝王的专用色。

隋唐男子的服装大致可分成礼服（冠服）和便服（常服）两类，礼服高冠革履，一般只在重要场合穿着。常服则主要由幞头、衫袍、靴带组成，其中，幞头是一种包裹头部的纱罗软巾，其前身可追溯到汉魏时期的幅巾和巾帻。唐代女子的服装在历史上极具代表性，她们上穿短襦，下着长裙，佩披帛。襦短且小，裙肥且长。裙系高腰至胸部，优雅修长、翩然欲仙。

视频：唐代服装——大唐遗韵

| 三彩骑马狩猎俑（唐） | 彩女立俑（唐） | 三彩女俑（唐） |
| 头罩黑色幞头，身着绿色翻领窄袖袍，足蹬乌皮靴。 | 内穿襦衫，外披帛带，齐腰长裙下垂至地，鞋尖微露。 | 上穿半臂短襦，内衬窄袖衫，下着长裙，足蹬云履。 |

　　此外，唐代女装还有新奇高耸的帷帽、潇洒方便的胡服和轻巧露肤的薄纱衣裙，女着男装蔚然成风，这一时期的服装可谓绮丽无比、多姿多彩，这都是唐代平等、宽容与开放的服装审美心态的表现。

《捣练图》（局部）中的唐代服装，张萱（唐）

（6）宋、明服装的传承与发展

　　宋代男装大体沿袭了唐代样式，百姓多穿交领或圆领的长袍。女子则多为上身穿窄袖短衣，下身穿长裙，或在上衣外再罩一件褙子，褙子优雅、含蓄、内敛，体现了宋人崇尚清逸的美学智慧。宋代女子有时还会佩戴披帛，披帛是长条形的带子，可搭置于肩膀，或缠绕于背部，十分飘逸、灵动。宋代女装相对保守，宋代女子夏天穿衫，冬天穿袄，上淡下艳，给人质朴纯净、清秀雅致的美感。

视频：宋代服装——
宋代佳人

《韩熙载夜宴图》（局部）中的宋代服装，顾闳中（五代）（宋摹本）

　　明代是一个思想活跃且富于变化的时代，其服装在形制、纹彩、衣料、裁制等方面都远超以往各时期。明代徐充的《暖姝由笔》中就写道："国朝创制器物，前代所无者，儒巾、襴衫、折扇、围屏、风领、酒盘、四方头巾、网巾、水火炉。"

明代官服恢复唐制，同时也有所发展。官服上的动物图案因官职不同而不同。明代张岱所著的《夜航船》就记载："（文官）一二仙鹤与锦鸡，三四孔雀云雁飞，五品白鹇惟一样，六七鹭鸶鹨鹅宜，八九品官并杂职，鹌鹑练雀与黄鹂……（武官）一二绣狮子，三四虎豹优，五品熊罴俊，六七定为彪，八九是海马，花样有犀牛。"

在明代民间服装中，男子便服一般是袍衫，大多为右衽、大襟、宽袖、下长过膝。女子服装沿袭前朝，主要有衫、袄、褙子、霞帔、裙子等，裙子样式很多，如色彩淡雅的"月华裙"、婀娜多姿的"百褶裙"、精工细作的"凤尾裙"等。

《千秋绝艳图》（局部）（明）中的明代女子服装，佚名（明）

（7）清代服装的变革

清代在以往各时期的基础上对传统服装进行了较大的变革，男子服装遵循清代新制，女子服装依照明代旧制；平民服装遵循清代新制，优伶服装则依照明代旧制。

清代将流行了2000多年的宽衣大袖的汉族袍服改为满族的长袍马褂。清初统治者严禁满族及蒙古族妇女仿效汉族妇女服装，嘉庆十一年（1806年）就曾下谕："倘各旗满洲、蒙古秀女内有衣袖宽大，一经查出，即将其父兄指名参奏治罪。"因此，清代满族妇女皆穿着旗装。

《雍亲王题书堂深居图屏》（部分，共12幅）中的清代贵族妇女服装，佚名（清）

（8）近现代服装的百花齐放

时至近代，服装脱离了封建礼制的禁锢，成为社会身份的表现，也成为时尚的代名词。民国时期，中西思想、文化碰撞激烈，服装制式从起初的新旧并存变化为后来的融合发展、化繁为简，长袍马褂、中山装、旗袍等服装依次登上舞台。国人对美的追求愈发强烈，年轻男女纷纷追寻自由，追逐时尚，旗袍和中山装成为典型的服装制式，国外流入的西装也成为时尚。

新中国成立后，服装风格进一步发生变化，"妇女能顶半边天""不爱红装爱武装"，年轻女性和男性一样穿着工装、军装制式的服装出入工厂。到了现在，服装风格百花齐放，制衣工艺、技术、材料的发展，丰富了服装的样式，也让服装审美更加多维。人们欣赏服装的色彩，挑选服装的图案，追求服装的款式，或钟爱中式的婉约优雅，或青睐西式的活力时尚，或追求稳重端庄，或喜爱新奇有趣，或要求服装展示个性。总而言之，人们可以根据自己的喜好来选择服装，阐释自己对美的理解，华美、优雅、简约、中性，万千风格各放异彩，这就是现代服装美之所在。

旗袍　　　　　　　　　　　　中山装　　　　　　　　　　　　现代服装

🌼 欣赏美

服装的面料之美

古希腊人和古罗马人称我国为"丝国"，连接东西方的重要商路也被称为"丝绸之路"。蚕丝面料是我国著名的服装面料，它质轻而细长，光泽好，穿着舒适，手感滑爽丰满，经由高超的工艺制作成服装后，便拥有了绝佳的质感和触感。

1972年，湖南长沙马王堆一号汉墓出土了西汉直裾素纱禅衣，整件衣服除衣领和袖口边缘用织锦做装饰外，皆以素纱为面料，由精缫的蚕丝织造。经专家测定，整件素纱禅衣通长156厘米，共用料约2.6平方米，而重量仅为49克。将这样的纱衣披在身上，轻若无物，微风乍起，便衣袂飘飘，恍若仙人。

20世纪，美国著名化学家卡罗瑟斯和他的科研小组发明了世界上第一种合成纤维——尼龙（聚酰胺纤维）。尼龙具有摩擦系数低（触感轻柔）、耐磨性强、强度高、弹性回复率高（贴合身形）等优点，它的出现使纺织品的面貌焕然一新。1939年10月24日，尼龙丝长袜公开销售时引起轰动，因被视为珍奇之物而被争相抢购，人们称赞其"像蛛丝一样细，像钢丝一样强，像绢丝一样美"。从此，合成纤维成为重要的服装面料，涤纶、锦纶、腈纶、氯纶、维纶、氨纶等材料极大地促进了服装行业的发展。

> **感悟：** 纺织技术、工艺、材料的发展让人们可以选择的服装样式更加多样化，透气舒适的棉、保暖轻便的羽绒、轻薄透明的雪纺、柔软蓬松的腈纶，数不胜数的新兴材料的应用是近现代服装的显著特点，也是这一阶段服装文化的显著特点。

二、饰

在大约70万年前，周口店北京猿人对"饰"的审美意识觉醒，他们用赤铁矿粉染制红色的饰品，用以装饰自己。8000多年前，远古先民捡到了一块漂亮的玉石，将其细细打磨成环状，用作耳饰，或佩戴在身上，佩饰就这样作为服饰中的重要构成元素流传了下来。

1. 我国佩饰的历史

作为服饰文化的重要组成部分，我国的佩饰文化历史悠久、源远流长。在远古时期，佩饰的作用主要体现在实用性和装饰性层面，后随着文明的发展，佩饰的作用发生变化，逐渐成为人们身份地位的象征。

《礼记·玉藻》中记载："天子佩白玉而玄组绶，公侯佩山玄玉而朱组绶，大夫佩水苍玉而纯组绶，世子佩瑜玉而綦组绶，士佩瓀玟而缊组绶。"这说明先秦时期，佩饰的颜色、外形已成为明确阶级差异的标志。秦汉时期，以佩绶（绶是系印章、玉饰等的丝带）为主的佩饰制度正式确立。西汉时期，官员们以印、绶认人，王公贵族所佩绶带的颜色多以赤色和紫色为主，低阶官员所佩绶带则多以青、绿等颜色为主，等级森严。唐代，佩绶制度多用于六品以上的官员。明代，不同等级官员在绶带颜色和花纹上的差异得到进一步区分。

在制度之外，佩饰的样式也随着时间的推移而不断丰富。远古时期，佩饰包括项饰、腰饰、臂饰、腕饰、头饰等多种类型，其中尤以项饰和腰饰为主。先秦时期，妇女的佩饰已经细化为钗、珈、臂环、戒指、耳环等。及至后来，仅头饰就有笄、簪、钗、华胜、步摇、钿花、扁方、凤冠等，类型丰富，外观华美，令人惊叹。

男子佩剑、刀、弩弓、香袋、香草和扇子，女子佩簪、钗、镯、花钿和臂钏，古人戴冠，今人戴帽，佩饰既是身份的象征，也是个人品味的表现。佩饰不仅反映了我国社会在不同时代背景下的物质文明，以及人们的文化、思维及情趣，同时也承载了中华民族自古以来的精神追求和美学观念。

2. 流传至今的玉饰和金饰

在古代，佩饰是礼服的一部分，特别是在重要场合，从头到脚的佩饰可谓琳琅满目。早期的配饰多以玉饰为主。内蒙古兴隆洼遗址出土的玉玦，通体磨光，器体近圆形，中部为一单面钻成的小孔，一侧有一窄缺口，由8000多年前新石器时代的先民所制，也是我国最古老的玉玦之一。此后，河姆渡文化、马家浜文化、红山文化、北阴阳营文化，乃至其后的夏、商、周、春秋，都有大量的玉玦、玉饰出现。

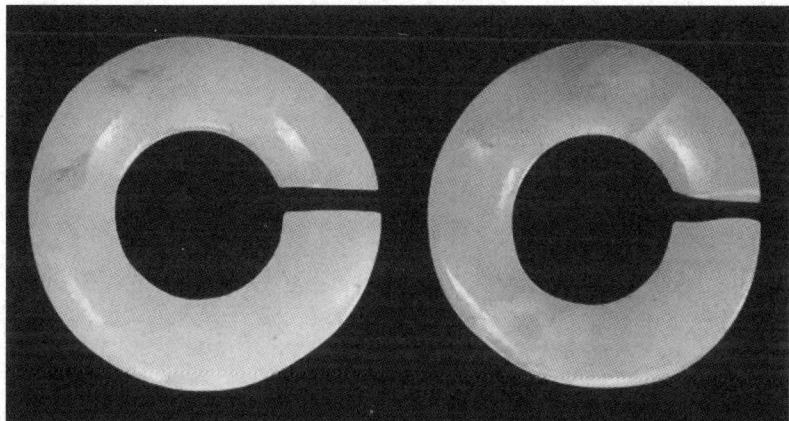

内蒙古兴隆洼遗址出土的玉玦
兴隆洼文化玉器是迄今所知我国年代最早的玉器，开创了我国史前用玉之先河。

龙山文化六边形玉臂饰

陶寺文化绿松石腕饰

古人认为玉具有美好的象征，所谓"君子比德于玉，温润而泽，仁也"，君子的德行可以与玉相比，温润而有光泽，这便是仁。《礼记·玉藻》记载："古之君子必佩玉，右徵角，左宫羽，趋以《采齐》，行之《肆夏》，周还中规，折还中矩，进则揖之，退则扬之，然后玉锵鸣也。"意指君子佩玉，行止有度，步履从容，进退俯仰之间，玉石锵鸣，悦耳动听。

与玉饰一样，金饰也是古代佩饰的常见类型。甘肃玉门火烧沟遗址出土的金耳环，线条流畅，简约精美，距今大约3800~4000年，是迄今我国发现的最早的黄金制品，拉开了我国数千年黄金文化的历史序幕。北京刘家河商墓出土的黄金臂钏，简约时尚，纤薄漂亮，距今也有3000多年的历史。北齐时期的金筐宝钿，汇集了掐丝、炸珠、镶嵌等多种工艺，纹饰精美、雍容细腻。此后的隋唐、两宋、明清，金饰制作技艺越加繁复高超，金钿、金筐、金胜、金珰……各种金饰层出不穷，如繁星灿烂，数不胜数。

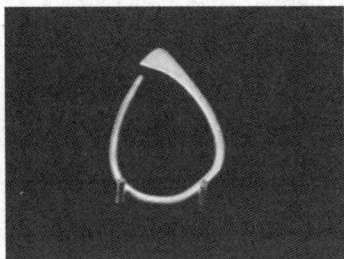

火烧沟遗址出土的金耳环

黄金臂钏（商）

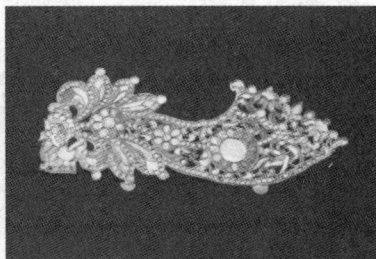

金筐宝钿（北齐）

山西博物馆所藏的商朝金珥形饰，是玉石和金的结合，也是我国古代饰品由竹骨、牙贝、玉石时代进入金玉时代的标志。此后，金玉佩饰逐渐盛行。隋唐女子佩花钗，辽宋女子佩钗、梳，明代饰品辉煌，尽显奢华，金银首饰镶玉嵌宝，类型繁多。

佩饰的发展与人类文明的进程同步，是社会风气、文化氛围与财富艺术的统一。在人类物质文明日益进步的今天，人们享受科技成果带来的生活便利，同时更注重精神上的审美与追求，佩饰不再是身份地位的象征，而是人们对时尚的品味，对生活的向往，乃至对生命个体与自身的热爱。人们欣赏这些东方艺术品的精美，同时也感受其背后的文化与深意，并以此涵养自身。

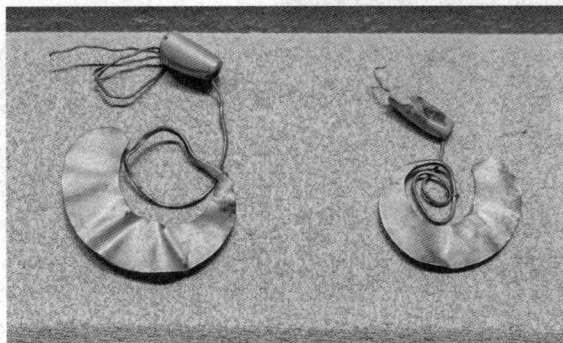

金珥形饰（商）

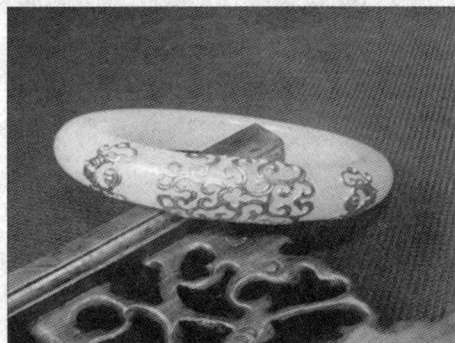

金玉手镯（现代）

任务二 鉴赏器皿之美：器里乾坤

相传，上古夏禹铸造九鼎，代表九州，作为王权至高无上、国家统一昌盛的象征。夏、商、周亦以九鼎为传国重器。鼎是煮食物的器皿，也与国家政权相系，可见器皿在上古先民心中的重要意义。器皿是生活必需品，也是艺术、工艺、人文的象征，我们可以沿着器皿发展的历史轨迹，品味蕴藏其间的生活用具美学，感受生活的惬意与诗意。

一、陶器

器皿，既有外观之美，亦有实用之巧。古代器皿一可"纳、入"，盛装物品，二可"设、列"，陈设布列。这正是器皿之美最基本的体现。

陶器是远古先民认识自然、改造自然中经验、劳动与智慧的结晶。远古时期，古人类主要使用藤编木制的器皿，但这些器皿不能盛水，也不耐火，于是他们在这样的器皿外部涂上黏土，却发现成型的黏土可直接作为器皿使用，陶器自此产生，成为人类最早且长期使用的器皿。

1. 世界上最早的陶器

陶器由黏土或陶土塑造并烧制而成，自制成起可保留成千上万年，古朴大气，庄重美观。至少在2万年前，古人类就制造出了陶器，将其用于储存、烹饪、运水和盛放食物。人们在江西省万年县小河山脚下的仙人洞中就发现了世界上迄今最古老的陶器残骸——约2万年前制造的袋形罐碎片。

仙人洞袋形罐碎片

产生于旧石器时代晚期，质地疏松，器面粗糙，是世界上已发现的最早的陶器残骸。

2. 新石器时代的陶器

新石器时代是陶器文化蓬勃发展的时代。从新石器时代早期的仰韶文化，到新石器时代晚期的龙山文化，我国出土的这个时期的陶器都可谓奇光异彩、瑰丽多姿。红陶、灰陶、黑陶、白陶和彩陶，压印、拍印、刻划、彩绘、附加堆纹和镂孔，各种陶器不仅类型繁多，风格迥异，还同时兼具实用性、美观性和观赏性，是原始先民贡献给人类艺术宝库的明珠。

质朴大气的红陶是我国最早的陶器品种之一，在新石器时代的各个文化中都非常常见。新石器时代中后期，大量器型均匀、纹样精美的陶器出现。灰陶外饰绳纹，造型庄重、耐看。黑陶温雅细腻，细泥薄壁，有"黑如漆，声如磬，薄如纸，亮如镜，硬如瓷"的美誉。白陶胎质细腻，素面雅致。彩陶造型丰富，图案精美，有舞蹈图案、鱼形图案，还有规整而漂亮的几何曲线、直线、水纹、三角形等，它们无不展示着陶器文化的繁荣。

红陶盉（齐家文化）

阔颈，溜肩，鼓腹，腹以下内收，平底，泥质红陶，器表光滑。

灰陶深腹双耳罐（磁山文化）

腹中部有对称圆形饰物，器身有麻布纹。

黑陶双系壶（龙山文化）

造型规整，胎薄体轻，表面经过打磨，光泽可鉴。

白陶双系壶（大汶口文化）

壶口微撇，圆肩，腹以下内收，平底，胎较薄。

彩陶钵（青莲岗文化）

圆唇，宽肩，肩以下陡收，平底，泥质红陶，器物表面施白色陶衣，肩部以褐彩留白二方连续叶纹装饰。

3. 汉后的陶器——瓷器的萌芽

新石器时代晚期至汉代，出现了纹理细腻、器型精美的印纹陶，印纹陶是一种特殊陶瓷，其制作工艺有别于一般的陶器，其中的印纹硬陶联系了陶与瓷，可以说是瓷器的开端。后又出现了汉代釉陶，釉陶始为单色，发展到唐代时形成三彩，唐三彩的出现意味着釉陶发展到顶峰。

印纹硬陶罐（西周）

造型独特，大气古朴，纹理精美，富有韵律美。

酱釉划花水波纹铺首耳陶壶（西汉）

通体施酱黄色釉，釉色浓郁古朴，充满朴实自然的格调。

三彩菱花式三足盘（唐）

内外壁以黄、绿、白、褐等色釉装饰，无釉处露灰白色胎骨，形状规整，釉面图案装饰令人耳目一新。

二、青铜器

夏商时期，青铜器出现。青铜器是华夏文明的一种文化符号，因其造型雄厚、铸造工艺精湛、纹饰古朴、样式丰富、铭文典雅而称于世。

1. 先秦的繁盛

相传，在尧、舜、禹所在的上古传说时代，人们就已经开始冶铸青铜器以祭祀神灵。夏朝是青铜器的萌芽时期，这个时期的青铜器总体造型古朴、凝重，器壁较薄，表面无花纹或只有少数器物上有简单的单层花纹。

商朝晚期至西周早期是青铜器发展的一个高峰期，这个时期青铜器铸造工艺取得前所未有的突破，器具造型显示出无穷的艺术魅力。"国之大事，在祀与戎"，重视祭祀和战争的思想使得当时的青铜器种类以礼器、兵器、容器居多，这一时期的青铜器器壁增厚，形体高大，庄严肃穆。礼器除继承前期的鼎、鬲、甗、爵、斝等外，又出现了大量的新品种，如觥、方彝、盘、鉴、匜、簠、盨、壶、觯等。尊（盛酒器）出现鸟兽造型，设计巧妙、纹饰华美、写实生动、丰富多彩。器具表面上出现各种精美的浮雕纹样，如兽面纹、云雷纹、夔龙纹、涡纹等，技法精妙，底纹和主纹对比强烈，形成独特的艺术感染力。

西周中期至春秋早期，青铜器种类以食器、礼器为主，青铜器造型趋向程式化、定型化，用器制度严格有序，装饰纹样崇尚简朴，逐渐抛弃神秘的兽面纹和夔龙纹，盛行重环纹、环带纹、沟纹等纹样，且器具上大量出现铭文。

春秋战国时期，在"礼崩乐坏""百家争鸣"的背景下，青铜器开始向生活日用器物方面发展，逐渐丧失祭祀和礼器的特性。这一时期的青铜器纹样丰富，且极富生活气息，如表现狩猎、习射、采桑、宴乐等场景，造型也更为精巧，王室所用的器具繁缛富丽，巧夺天工。

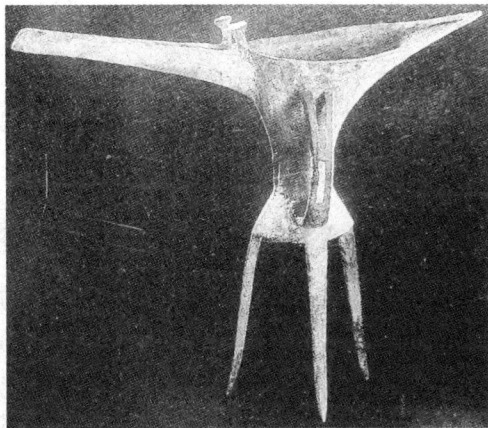

偃师二里头青铜爵（夏）

饮酒器，整体光素无纹。

兽面纹簋（商）

盛器，腹饰兽面纹。

后母戊鼎（商）

大型炊器，鼎身四周铸有精巧的夔龙纹和饕餮纹，足上铸有蝉纹，腹内壁铸有"后母戊"3字，字体笔势雄健，形体丰腴。

曾侯乙铜鉴缶（战国早期）

大型酒具，鉴为水器，缶为酒器，鉴缶之间有空隙，可放入热水或冰块。其结构复杂，造型奇特，纹饰精美，通体雕铸精细繁缛的蟠螭纹。

2. 秦汉的余晖

秦汉时期，由于冶铁技术、制陶技术、漆器制造技术的发展，用青铜铸造器皿的范围逐渐缩小。这一时期的青铜器造型独特、生动华美，如秦代的铜车马、汉代的长信宫灯和金银错的博山炉等，兼具艺术性与实用性，为我国青铜器文化留下了最后的鲜明注脚。

铜车马（秦）

比例精确，造型精美，立体感强，形象鲜活生动。

长信宫灯（汉）

造型精致小巧，通体鎏金。

三、玉石器

玉石，即温润而有光泽的美石。玉石之美，则代表着玉石的自然之美和人造之美相结合后产生的生活造物和文化现象。我国琢玉制器的历史十分悠久，从史前时代到科技社会，各种玉石器屡见不鲜，其设计别具匠心，制作工艺精细，它们为人们的生活增添了无限趣味。

1. 从史前时代至汉代

玉的材质审美是玉石器文化的起源。设想远古之时，一位原始先民在制作石器时发现了一种独特的玉石，其颜色、质地、光泽均与普通石头不同，具有十分独特的美感，原始先民遂小心地对玉石进行研制打磨，将其制作成工具，由此开启了人们琢玉、用玉的历史。

俗话说：玉不琢，不成器。早在史前时代，远古人类就已经掌握了娴熟的琢玉技术。

辽宁省海城市小孤山旧石器遗址就出土了用绿色蛇纹石制成的玉斧，内蒙古兴隆洼遗址则出土了成熟的玉器，浙江省余姚市河姆渡遗址出土了玉璜、玉玦、玉管和玉珠等玉饰品。红山文化玉器大多通体磨光，风格质朴，玉面研磨出浅凹槽纹路——或隐或现，富于变化，具有特殊的装饰美感。良渚文化玉器雕刻纹饰繁密细致，和谐工整。

到了商周时期，匠人的琢玉技术已经达到了相当高的水平，玉器的造型、花纹各异，种类丰富，用途也更加广泛，玉制器皿逐渐出现。河南省安阳市殷墟妇好墓出土的两件玉簋，是迄今发现的最早的玉制器皿。两器形似青铜簋，簋内还有铜匕各一件，这说明殷商时用玉石制作器皿的技术已经十分成熟。

玉镂雕勾云形佩（红山文化）

玉料为淡黄绿色，一边有褐色沁。器为长方形玉片，镂空雕作卷云形状，四角有卷勾，上部中间有一穿孔。

十二节玉琮（良渚文化）

玉琮本青绿色，后沁为黑褐色和暗红色，以12节简化人面纹为饰。

玉璧（良渚文化）

玉璧扁平，表面光素无纹，两面均有多道线切割痕。

　　春秋战国至秦汉时期，玉器发展进入繁荣阶段。阿房宫遗址出土的一件玉高足杯，是迄今所知最早的一件玉高足杯。

玉簋（商）

妇好墓出土了两件玉簋，一青一白，白簋造型美观，刻纹精细，器型规矩，器壁厚薄均匀，制作工艺复杂，体现了当时的琢玉工艺水平。

玉高足杯（秦）

直口，深腹，器面纹饰精巧华丽，构思新颖别致。近足处的云头纹如同莲花，整体高足缩腰，显得秀丽挺拔。

　　汉代玉制器皿的类型也十分丰富，有樽、洗、杯、盒等，均工艺精巧，制作精美。汉代玉器镂空技艺应用普遍，透雕、圆雕及高浮雕的玉器作品较前代增多，琢刻技术精益求精，其中细线纹雕琢技法——游丝毛雕，更是精妙绝伦。明代高濂的《燕闲清赏笺》言："汉人琢磨，妙在双钩，碾法婉转流动，细入秋毫，更无疏密不均，交接断续，俨若游丝白描，毫无滞迹。"

　　广东省广州市象岗山南越王墓出土的玉盖盒、角形玉杯、承盘高足玉杯，都是汉代玉制器皿中的精品，展现了汉代高超的玉器雕琢技法。

玉盖盒（汉）

青玉雕成，玉质温润，内外打磨光洁，雕琢精细。器盖里以单线勾勒两凤鸟，线条纤细流畅。器身纹饰与盖面相似。整体纹饰构图严谨，雕镂精细。

角形玉杯（汉）

整玉琢成，凿空为犀牛角状，构思精妙，纹样精美，主纹突出，次纹补白，布局巧妙。

2. 从隋唐到明清

隋唐以来，玉器的风格逐渐摆脱神秘化，向世俗化的方向发展，特别是大量生活玉制器皿的出现，让玉器表现出了浓厚的生活气息。唐代玉制器皿多为圆形或椭圆形，器皿把则装饰蟠螭纹或龙纹。其中，以花果和动物形象为造型的玉制器皿，写实生动，镂雕精细，堪为当世精品。

镶金边白玉杯（隋）

白玉雕琢，大口，口沿内外镶金带。玉质温润，通体光洁，造型简洁，高贵典雅。

白玉莲瓣纹碗（唐）

玉为白色，碗壁较直，表面浮雕三叠莲瓣纹，材质精美，碾琢细腻，造型古朴，器形小巧。

宋、辽、金、元时期的玉制器皿在仿古的基础上，发展出许多写实化、生活化的新样式，如花口形、圆形、椭圆形等造型的玉杯、玉洗、玉盒，而玉樽、玉瓶及桃式、荷叶式、多角形、鸳鸯式、鹅式等的玉器则是新创的。

明清时期是我国玉器发展最辉煌的时期，琢玉技术进一步发展，小件玉器精工细琢、玲珑剔透，大件玉器宏伟壮观、精美绝妙。明代玉制器皿样式丰富，玉碗、玉杯、玉执壶（明代特色玉器）、玉花觚等造型多变，纹饰多样，这体现了明代高超的雕琢水平。清代玉制器皿集历代工艺之最，玉碗、玉盘、玉茶杯、玉酒杯、玉杯托、玉茶壶、玉酒壶、玉鼻烟壶、玉渣斗等，数量众多，品种丰富，选材讲究，在实用性和艺术性上都具有较高的价值。

白玉双立人耳礼乐杯（宋）

白玉制，圆形，壁较厚。内壁凸雕32朵云纹，外壁饰礼乐图，凸雕10人——或持笙、笛、排箫、琵琶等乐器演奏，或歌唱。杯两侧各雕一立人为耳，其手扶杯口，足踏云朵。

玉八仙纹执壶（明）

青玉制，盖钮镂雕寿星骑鹿状，器两面凸雕八仙、花草等图案，夔形柄上有一镂雕兽。此壶图案丰富，雕刻精细。

银盖托白玉碗（清）

白玉琢制，口、足稍撇，外壁浅雕缠枝宝相花，腹部上下饰俯仰莲瓣纹。内壁光素，简洁素雅，庄重雍容。

碧玉双孔瓶（清）

碧玉制，立体圆雕。瓶身琢成双筒，蟠龙形顶盖。双筒间透雕飞鹰踏熊首像，寓意英雄。瓶身上部饰谷纹，中部饰勾云纹，下部饰蝉纹。

❀ 欣赏美

先秦与汉代的"玉与礼"文化

春秋战国时期，玉器发展进入繁荣阶段，并出现一系列礼仪玉。这些礼仪玉形制不同，用途各异，其中最主要的是璧、琮、圭、璋、琥、璜，合称为"六瑞"，也称"六器"。

玉璧

玉琮

玉圭

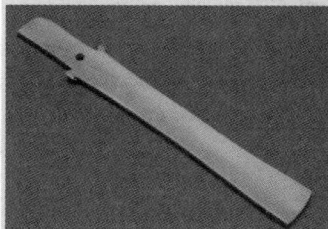

玉璋

玉琥

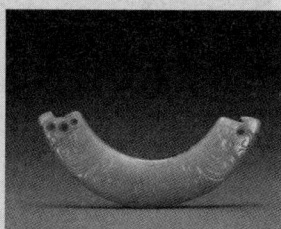

玉璜

《周礼·春官宗伯·大宗伯》载："以玉作六器，以礼天地四方：以苍璧礼天，以黄琮礼地，以青圭礼东方，以赤璋礼南方，以白琥礼西方，以玄璜礼北方。皆有牲币，各放其器之色。"由此可见，古人用玉制作6种玉器，进献天地四方：苍璧献天，黄琮献地，青圭献东方，赤璋献南方，白琥献西方，玄璜献北方。

这一时期，周王室衰微，社会动荡，受儒家思想的影响，玉器不再被上层社会垄断，玉器也从原始宗教活动中祭祀鬼神的法器、礼器，逐渐发展为贵族阶层用以表示身份、地位的佩饰。《礼记·玉藻》言："君子无故，玉不去身，君子于玉比德焉。"意指君子无故不得将自己所佩戴的玉饰摘取下来，因为君子是以玉来象征德行的。

汉时，玉器琢制技艺精湛，功能固定，量丰而精美，且汉人在先秦基础上进一步将玉人格化，使之与仁、义、智、勇、洁五德相结合，赋予玉高尚的内涵。此外，汉代还发展出完备的葬玉制度。玉衣是汉代皇帝、诸侯王和贵族死后的殓服，由先秦时期的"缀玉面饰"演变而来。据汉代文献记载，汉代皇帝死后使用金缕玉衣，诸侯王、公主等使用银缕玉衣，大贵人使用铜缕玉衣，等等。

感悟： 在国家产生之前，文明便已出现。玉石文明的发展推动了我国古代社会的文明进程，玉石文明也成为中华文明有别于世界其他文明的一个标志。作为中华传统文化的重要组成部分，玉文化不仅成为维系古代社会统治秩序（礼制）的重要部分，也培养了华夏人民的爱玉心理，这些都深刻体现了玉文化的丰富思想和精神内涵。

四、瓷器

瓷器由陶器发展而来，早在殷周时期，就已经出现了原始的瓷。历经数千年的岁月洗礼后，原始青瓷渐渐发展成各式精美无比的瓷器，这段辉煌的瓷器发展史铸就了为世界所赞美的独特器皿艺术。时至今日，瓷器仍然在我们的生活中占据着重要地位，衣、食、住、行、乐中都能看到"瓷"的身影。

1. 繁盛辉煌的古代瓷器

我国制陶已有万年历史，制瓷也有数千年历史。自陶器、瓷器诞生以来，中国始终引领世界陶瓷的发展风向，瓷器也成为历朝历代发展的鲜明印记。

商朝晚期，陶器仍是生活器皿的主流，但原始瓷器已然诞生。这一时期的原始瓷器多为原始青瓷，被称作青釉制品，胎体一般呈灰白色或深灰色，釉层较厚，色调偏深，多呈青绿或黄褐等色，原始青瓷有"釉陶""青釉器"之称。

春秋战国时期，南方地区的原始青瓷开始发展，且器型逐渐丰富，各种用具功能完善，如尊、罍、簠、壶、盂、豆、罐、鼎、杯等盛器大量出现。及至东汉，釉色纯正的成熟青釉瓷器创烧成功，越窑、瓯窑、婺州窑、南山窑、洪州窑等青瓷窑口出现，瓷器中以越窑青瓷最为出名。这一时期也成为我国瓷器发展史上的第一个繁盛时期。

原始瓷青釉划花双系壶（西汉）

通体施青釉，造型古朴，纹饰简练，釉厚而色深，是典型的西汉原始青瓷向东汉成熟青瓷过渡的产物。

原始瓷青釉四系洗（战国）

洗为盥洗器具，相当于盆。此洗圆口内敛，弧腹，平底，灰白色胎，器里和口沿可见斑驳不匀的青釉。

从三国至唐代，我国瓷器制造业飞速发展，逐渐形成了"南青北白"的局面，南方越窑的青瓷和北方邢窑的白瓷，一青一白，兴盛繁荣，交相辉映。青瓷胎质细腻、釉色温润，似千峰翠色，青碧晶莹。白瓷胎釉皆白，釉面光滑，色泽莹润，如雪似银，"天下无贵贱通用之"。虽然这一时期也出产了黑瓷、花瓷等类型，但青瓷和白瓷仍是这一时期瓷器的最高成就的代表。

越窑青釉直颈瓶（唐）

釉质细腻，透明度高，釉色优美，青绿色调，胎体呈灰白色，浅淡的胎骨使釉色愈加亮丽幽美，釉面犹如一湖清水。

邢窑白釉瓶（唐）

通体施白釉，釉色无杂质，瓶体除肩部刻划两组弦纹外，别无纹饰，整体造型端庄秀美，雍容华贵。

　　宋代是我国古代瓷器发展史上的黄金时期，各类瓷器琳琅满目，名窑迭出。除了青瓷、白瓷外，黑釉瓷、彩绘瓷等也发展起来。著名的五大名窑——钧窑、哥窑、汝窑、官窑、定窑，各绽异彩。已有千余年烧造史的青瓷在宋代被推至高峰，早在东汉时期就已有生产的黑釉瓷，到了宋代也独树一帜。

视频：宋代瓷器——天青

　　元代瓷器以青花瓷、釉里红和枢府瓷为主，其中青花瓷最负盛名，在我国瓷器发展史中具有划时代的意义。且随着制瓷技术的发展，元代还出现大量的大件瓷器，如大瓷盘、大瓷罐等。明代永乐、宣德两朝是我国青花瓷发展的黄金时代，其间青花瓷之胎质、底釉、绘画，无一不精。此外，明代还大力发展彩瓷，成化年间出现斗彩，嘉靖、万历年间又出现了五彩，各种瓷器争妍斗艳，釉法和釉色较前代也更进一步。

　　清代瓷器是我国瓷器集大成者，工艺空前，造型丰富，装饰精美，釉色名目繁复，品种多变。其中，单红釉就有铁红、铜红、金红之分，蓝釉亦有天蓝、酒蓝、雾蓝之别。清代乾隆时期是封建社会发展的太平时期，由于乾隆皇帝钟爱瓷器，再加上督陶官唐英对景德镇御窑厂的苦心经营，一大批身怀绝技的名工巧匠汇集于景德镇，致使御窑厂生产的瓷器无论是在数量还是在质量上都达到前所未有的境界。各种新奇制品层出不穷，工艺技术之高可谓鬼斧神工。其中，各种釉彩大瓶集各种高温、低温釉、彩于一身，素有"瓷母"之美称，这也体现了当时高超的制瓷技艺。

汝窑天青釉圆洗（宋）

敞口，浅弧壁，圈足微外撇。通体施淡天青色釉，釉质莹润，釉面开细碎片纹，整体素洁淡雅，有"青如天，面如玉"之说，"雨过天青"之美。

青花八仙庆寿纹罐（明）

通体以青花装饰，青花色泽浓重偏灰，釉面泛青，并有明显的开片纹，素底无釉，纹饰疏朗，画风缓柔。

各种釉彩大瓶（清）

洗口，长颈，长圆腹，圈足外撇，颈两侧各置螭耳，器身自上而下装饰的釉、彩达15层之多。其所用装饰有釉上彩、釉下彩，及二者结合的斗彩。

胭脂水釉小碗（清）

撇口，弧壁，圈足，里施白釉，外壁施胭脂水釉，胎体极薄，釉色匀净，曲线优美，造型秀雅，小巧玲珑。

2. 承旧启新的现代瓷器

在漫长的文明岁月的涤荡下，我国瓷器发展为具有鲜明民族印记的艺术作品，成为中华优秀传统文化和历史底蕴的代表。汉瓷的外刚内柔、唐瓷的丰满华贵、宋瓷的精巧秀丽、元青花瓷的简明大气……不同的瓷器之美盛放于历史的每一个阶段。

到了今天，瓷器已经成为人们生活中不可或缺的物品。新技术、新工艺、新材料的发展让人们在生活中的选择更加多样化、多元化，为了符合当今大众的需求，紧跟时代的步伐，烧瓷的匠人们围绕火、泥、釉料，在传统瓷器制作工艺的基础上进行了传承和发展，创新用釉和烧制技艺，不断追求瓷器造型审美与实用价值的统一。

古代瓷器审美追求人与自然的和谐，崇尚人格和意境的表现，今天的瓷器风格虽然由单一走向多元，但仍包含"立象尽意"的传统内涵。古代瓷器绘花鸟鱼虫、名山大川，以彰显宁静致远、淡泊高洁之志。现代瓷器在兼顾多种艺术风格的基础上，继续保留传统山水画的思想意境，这也是对传统文化和精神思想的传承。

总之，顺应现代思想观念，彰显多元艺术追求，发扬传统艺匠精神，重塑古朴自然风格，表现深厚文化内涵，就是现代瓷器创新与传承的特色，也是时代赋予瓷器文化的新内容。

玉道·锦

以"唐草纹"为主要设计元素，使金银错工艺与《新贵妃醉酒》的文化情境相融，打造以国风为主题的生活场景美学解决方案。

墨龙撇口斗笠杯

杯上墨龙来源于宋代画家陈容的《墨龙图》，制作者用珐琅黑料晕染"五色墨韵"，层次丰富，以玻璃白绘高光，展现墨龙的体积感，让墨龙变得更具象。

任务三 寻味饮食之美：其味无穷

自燧人氏钻木取火，寻得火种以来，古代先民就远离了"茹毛饮血"的生活，踏入饮食的文明纪元，开启了生活的新篇章。所谓"民以食为天"，饮食是人们赖以生存的根本，是生活必需品。我们可以饮食的历史、典故为起点，探寻饮食之美，体味文化之美，追求生活品位，享受健康人生。

一、茶：清淡悠长的品味

唐代陆羽的《茶经》记载："茶之为饮，发乎神农氏。"相传，神农氏遍尝百草，一日遇七十二毒，得茶而解，直至吃了断肠草，茶不可解，最终死于茶陵。此虽为民间传说，但也反映了我国喜茶、爱茶的历史渊源。在我国茶文化中，品茶既是养生之道，也是待客之礼。让我们煮一壶茶，斟一杯"道"，饮一杯"礼"，尽情享受生活，品味人生。

1. 悠久的饮茶历史

茶是我国的传统饮品，传承至今已有数千年的历史。晋代常璩所撰《华阳国志》记载："周武王伐纣，实得巴蜀之师……茶、蜜……皆纳贡之。"可见周朝的巴国就已经开始以茶为贡品。早期的茶可能是作为食材入馔，西汉时才发展为饮品。《华阳国志》中记载我国最早的种茶基地在四川，扬雄的《蜀都赋》中就描绘了茶园美景——"百华投春，隆隐芬芳，蔓茗荧翠，藻蕊青黄"。

魏晋南北朝时期，茶一度成为奢侈饮品。由于茶深受文人墨客这些吃茶品茗的先行者所喜爱，饮茶逐渐流行。至唐代，茶文化的发展迎来了历史上的第一波高峰。上至皇室贵族，下至平民百姓，乃至僧人、道士，无不爱茶，品茶、论茶也成为一时风尚。甚至当时文人还将饮茶提升到一个新的境地——品茗，让饮茶这一行为变得更加风雅。三五朋友聚坐，论一席茶事，弃纷扰红尘，静寂心性，宠辱不惊，回归自然，实在是人生一大逸事。

宋代为饮茶的黄金时代，点茶与斗茶风气盛行，饮茶成为人们生活中不可或缺的一部分。北宋传世名画《清明上河图》中就描绘了汴京茶坊门庭若市、生意兴隆的场面。明代，人们开始追求饮茶的艺术性。明代散茶兴起，芽叶完整，饮茶的观赏性大大增加。且明人追求饮茶的自然美、环境美、意趣美，有"一人得神，二人得趣，三人得味，七八人是名施茶"之说。择一处清净山林，寻一座简朴柴房，房前为清溪，房后有松涛，清扫门扉，燃起茶炉，斟一杯敬天地，沏一盏谢岁月，既得品茶之神，亦有饮茶之趣。

视频：宋代茶百戏

《事茗图》，唐寅（明）

巨石侧立，屋舍、坡岸淡雅清润，屋中主人临窗品茗，环境幽静宜人。透过画面，我们似乎可以听到潺潺流水，闻到淡淡茶香。

清代以来，工夫茶兴盛，饮茶器具更加丰富，城乡各地茶室遍布，茶庄、茶行、茶号纷纷出现，茶馆风靡。同时，茶饮文化深入市井，更加世俗，千家万户皆饮茶，以茶待客、节日饮茶、婚恋用茶、祭祀供茶，茶的功能愈加丰富。

2. 发展的饮茶方法

茶色、香、味、形俱佳，人们以茶敬客，通过饮茶进行各种人文活动，使茶具有了特殊的艺术品格和文化素养，也给人们的日常生活增添了无限情趣。在我国数千年的饮茶史中，随着制茶技术和饮茶实践的发展，人们的饮茶方法也在不断发展。

（1）煎饮。原始社会时期，人们常常食不果腹，采食茶叶主要用于充饥。后来，茶逐渐从粮食中分离出来，煎茶汁治病成为饮茶的第一种方法。

（2）羹饮。先秦至两汉时期，茶从药物转变为饮料。当时的饮茶方法也转变为羹饮。晋人郭璞为《尔雅》作注时就提到茶"可煮作羹饮"，即煮茶时，可以加入粟米及调料，煮成粥状食用。这种方法一直被沿用到了唐代。

（3）冲饮法。冲饮法最早出现在三国时期，在唐代开始流行，盛行于宋代。三国时期，魏国张揖所撰的《广雅》中记载："荆巴间采叶作饼。叶老者，饼成以米膏出之。欲煮茗饮，先炙令赤色，捣末，置瓷器中，以汤浇覆之，用葱、姜、桔子芼之。其饮醒酒，令人不眠。"当时的饮茶方法是将采下来的茶制成饼，饮用时先将其烤成红色，后捣成细末，以沸水冲泡，同时加入"葱、姜、桔子"之类的配料。可见这一时期的冲饮法，尚留有羹饮的痕迹。唐代时，陆羽明确反对在茶中加入其他配料，强调茶的本味。唐人将纯用茶冲泡的茶水称为"清茗"。"清茗"在唐代已开始流行，直到宋代成为主流。饮过清茗，再咀嚼茶叶，细品其味，方算品茶。

（4）全叶冲泡法。全叶冲泡法始于唐代，盛行于明清。全叶冲泡法主要得益于蒸青制茶法的发明。蒸青制茶法要求制茶时专采春天的嫩茶芽，将其蒸焙后，制成散茶，饮用时即用全叶冲泡。宋代，冲饮法和全叶冲泡法并存。明代的饮茶方法基本上以全叶冲泡法为主，直到今天，大多数人饮茶采用的也是全叶冲泡法。

3. 浓厚的饮茶文化

饮茶是我国独特的生活艺术。人们在烹茶饮茶中以茶为媒，美心修德、陶冶情操、学习礼法，逐渐形成了以"茶道"为核心的茶文化。我国传统哲学观点认为，"道"是宇宙及人生的法则和规律。茶道则是茶与道的融合和升华。

茶道一词在唐代就已经出现，唐代刘贞亮的《饮茶十德》中就有"以茶可行道，以茶可雅志"的说法。我国现当代学者对茶道也有诸多解释，陈香白先生认为："中国茶道包含茶艺、茶德、茶礼、茶理、茶情、茶学说、茶道引导7种义理，中国茶道精神的核心是和。"吴觉农先生则认为，茶道是"把茶视为珍贵、高尚的饮料，饮茶是一种精神上的享受，是一种艺术，或是一种修身养性的手段"。

茶道包括茶艺、茶境、茶礼和修道4个要素。其中，茶艺是指备器、选水、取火、候汤、习茶的一套技艺，茶境是指开展茶事活动的场所和环境，茶礼则是指茶事活动中的礼仪，修道是指通过茶事活动来怡情养性。

此外，茶道还包含深刻的精神内涵。我国学者林治先生认为，中国茶道的基本精神是"和、静、怡、真"，其中，"和"是中国茶道哲学思想的核心，"静"是中国茶道修习的不二法门，"怡"是中国茶道修习、实践中的心灵感受，"真"则是中国茶道的终极追求。

（1）"和"

中国茶道所追求的"和"源自《周易》中的"保合大和"，意思是世间万物都是由阴阳构成的，阴阳协和，保全大和之元气才能促进万物生长变化。传统儒家所追求的"中庸之道"的中和思想在茶道中也有淋漓尽致的体现。

"酸甜苦涩调太和，掌握迟速量适中。"

"奉茶为礼尊长者，备茶浓意表浓情。"

"饮罢佳茗方知深，赞叹此乃草中英。"

"朴实古雅去虚华，宁静致远隐沉毅。"

茶之一道，既有泡茶的中和之美、待客的和敬之礼、饮茶的谦和之仪，又有茶艺中的平和之心。

（2）"静"

中国茶道是修身养性之道，追寻自我之道。要想通过茶事活动明心见性、品味人生，以至体悟宇宙的奥秘，"静"则成了必由途径。

老子言："至虚极，守静笃……夫物芸芸，各复归其根。归根曰静，静曰复命。"

心灵达到空明虚无的境界，就会拥有清静自守的状态。天下万物，都要返回到本初的状态。这种回归叫作"静"，"静"即复归本真。

庄子言："圣人之心，静乎，天地之鉴也，万物之镜也。"

圣人之心十分宁静，好像是天地万物的镜子。

"静"乃是人们洞察自然、反观自我、体悟道德的重要途径，静可以让人们虚怀若谷、洞察明澈，也可以让人们内敛含蓄、体道入微。中国茶道正是通过茶事活动创造"静"的氛围，正所谓"欲达茶道通玄境，除却静字无妙法"。

（3）"怡"

"怡"，即和悦、愉快。中国茶道是雅俗共赏之道，它不讲形式，不拘一格，在日常生活中处处都有所体现。文人雅士的茶道追求"茶之韵"，他们托物寄怀，激扬文字。普通老百姓的茶道追求"茶之味"，他们喝茶品味，享受人生。中国茶道还十分注重"茶之功"与"茶之德"，欲在品茗养生中追求自我超脱，在饮茶观心中参禅悟道。

（4）"真"

"真"既是中国茶道的起点，也是中国茶道的终极追求。中国茶道所讲究的"真"，即指茶应为真茶，有真香、真味；器应为真竹、真木、真陶、真瓷；境应为真山、真水；待客应真心、真情，心境要真静、真闲。在茶事活动中的每一个环节都要认真，都要求真，这才是真正的中国茶道。

二、酒：合度者有德

荆轲"饮于燕市"，曹操"对酒当歌"，李白"花间一壶酒"，从古至今，酒贯穿人们的生活，是文人墨客，乃至寻常百姓抒发意志、交流感情、人际往来的重要依托。

早在原始社会时期，我国就已经出现了人工制酒活动。人们在红山文化时期的熊陶尊内壁检测出水果酒的元素，在贾湖遗址出土的陶器中化验出酒类挥发后的酒石酸，大汶口文化晚期墓葬出土了一组成套的酿酒器具，这都说明酒早已出现在人类的文明中。

商朝时，商人发明曲，开始用曲酿酒。帝王诸侯饮酒享乐，饮酒之风兴盛一时。商周到春秋战国时期，酿酒工艺提高，饮酒依然是贵族的特权。秦代至宋代，国家制度完善，农业发展迅速，酒的品类、用途，乃至文化都逐渐丰富，特别是魏晋南北朝时期，"曲水流觞"的出现进一步丰富了酒文化的内涵。北宋到晚清，商品经济较为繁荣，酒业的发展更加兴旺，再加上外来文化的涌入，酒的发展达到历史上的鼎盛。

《曲水流觞图》卷（局部），黄宸（明）

茂林修竹中，文士列坐溪水两岸，饮酒赋诗，畅叙幽情。此图再现了东晋永和九年（353年）王羲之等人兰亭修禊、曲水流觞时的情形。

酒作为历史上的重要饮品，我国历朝历代留下了无数关于酒的诗篇或典故。《诗经·国风·豳风·七月》载："八月剥枣，十月获稻，为此春酒，以介眉寿。"人们收获粮食以酿酒，祈求长寿。文人墨客更是爱酒如痴，酒后吟诗作文，常有佳句华章，得意时"莫使金樽空对月"，失意时"举杯消愁愁更愁"，分离时"劝君更尽一杯酒"，相聚时"晚来天欲雪，能饮一杯无"。

作为一种文化物质，酒在漫长的历史发展中，已然与人们的生活密切相连，甚至成为礼仪文化的重要载体，聚会、送别、祭祀、婚丧嫁娶等大小事件都有酒的参与。及至现代，人们依然将饮酒作为重要的交际或节庆礼仪，端午节喝"菖蒲酒"，重阳节喝"菊花酒"，结婚时喝"喜酒"，孩子满月喝"满月酒"，远行时喝"送行酒"，创办事业喝"开业酒"，为老人祝寿喝"寿酒"，等等。

古人饮酒，也知过量饮酒伤身败德。相传仪狄作酒，禹饮而甘之，曰：后世必有酒亡国者。禹遂颁诰，严厉禁酒，唯恐民众败德伤性。《尚书·酒诰》中也指出饮酒需有酒德："饮惟祀"，祭祀时才饮酒；"无彝酒"，不要常饮酒；"执群饮"，不聚众饮酒；"禁沉湎"，禁饮酒过度。正所谓"合度者有德，失态者无德"。

酒虽有情，但饮酒伤身。特别是未成年人，应严禁饮酒。君子饮酒，率真量情。文士儒雅，概有斯致。正确看待酒文化、酒习俗、酒礼仪，不劝饮，不烂醉，饮的是酒，践的是德，表的是礼。

三、食：五味、六和、十二食

狩猎、采集、畜牧、农耕，人类的食物一直同大自然休戚与共。人们从自然界中获取食材，采用各种烹调手段，创造出各式佳肴美味。"烂樱珠之煎蜜，瀹杏酪之蒸羔。蛤半熟而含酒，蟹微生而带糟。盖聚物之夭美，以养吾之老饕。"丰饶的物产，精心的烹调，孕育了中国独特的饮食文化。

1. 我国传统饮食的发展

我国饮食文化积淀深厚，可以追溯到原始时代。旧石器时代，远古先民发现了火的作用，遂将食物放在火上烘烤，或利用石板传热来烹熟食物。后陶器出现，远古先民开始使用陶釜、陶鼎、陶鬲为炊具来加热食物。夏商周时期，青铜器出现，青铜所制的鼎、釜、鬲、盘成为人们烹制食物的炊具，这一时期，油烹食物和辛、甘、酸、苦、甜五味调和法也正式出现，西周王室还出现了"八珍"，周八珍用料丰富，制作考究，可见西周王室饮食之精细。

淳熬：浇着肉酱的稻米饭　淳母：浇着肉酱的黍米饭　炮豚：烤乳猪　炮：烤羔羊
捣珍：烧里脊　渍：酒糟肉　熬：五香肉干　肝膋：网油烤狗肝

周八珍

春秋战国时期至秦代是我国传统"四大菜系"——鲁菜、苏菜、川菜、粤菜逐步形成的时期。这一时期，我国传统的谷物菜蔬也已出现，包括稻、稷、黍、豆、麦。

汉代，中国的传统饮食更为丰富，淮南王刘安发明豆腐，东汉时出现了新的烹饪用油——

植物油。强大的汉王室不仅自身拥有丰富的饮食文化，还注重加强与外界的饮食交流。《史记》与《汉书》记载，西汉时期张骞等人出使西域，就从西域引进了大量食物——包括石榴、芝麻、葡萄、胡桃（即核桃）、甜瓜、西瓜、黄瓜、胡萝卜、菠菜、扁豆、葛笋、大葱、大蒜等。这些外来食物，大大丰富了汉代的饮食文化。

唐代，国家的强盛促进了饮食文化的发展，其中"烧尾宴"代表了唐代饮食文化的极高成就。所谓"烧尾"，就是大臣上任之初，为了感恩，向皇帝进献的盛馔。烧尾宴规模庞大、奢华无比，《清异录》中记载的唐代宰相韦巨源所设烧尾宴的一份不完全的食单中就列有菜点58种。这些菜肴在取材上，既有北方的熊、鹿，又有南方的虾、蟹、蛙、鳖，另外还有鱼、鸡、鸭、鹌鹑、猪、牛、羊等，其烹饪方法也极为讲究。

宋代，"四大菜系"已经发展得相当成熟，民间还形成了一些饮食习俗，如每逢重阳节，人们往往登高宴聚，喝菊花酒。元代，涮羊肉、烤全羊出现，月饼成为中秋节必不可少的点心，有史可考的第一家烤鸭店也发源于此时。

明代，蔬菜种植技术的提高，马铃薯、甘薯的大规模引进，使得蔬菜成为主要的菜肴。这一时期的肉食，也以人工饲养的畜禽为主要来源。清代，浙菜、闽菜、湘菜、徽菜等地方菜进一步发展，并自成派系，加上传统的"四大菜系"，逐渐形成"八大菜系"之说。后来，人们又增加了京菜、沪菜等地方菜，形成了"十大菜系"。各地方风味菜中的名菜有上千种之多，它们大多选料考究，制作精细，讲究色、香、味俱全。其中，清代的满汉全席就代表了清代饮食文化的最高水平。满汉全席在选材上可谓汇聚天下之精华，无论飞禽走兽、山珍海味，尽皆选用，其规模之盛大，程式之复杂，堪称"中国古代宴席之最"。

满汉全席

2. 饮食之美的品鉴

《礼记·礼运》言："五味、六和、十二食，还相为质也。"五味即酸、甜、苦、辣、咸。六和，以四时有四味，皆有滑有甘（滑、甘为古时给菜肴调味的佐料），益之为六也，是为六和。意即四时有酸、苦、辣（辛）、咸四味，再用滑、甘来调制这四味，即为六和。十二食则为人在一年12个月中所吃的不同食物。《黄帝内经》言："五谷为养，五果为助，五畜为益，五菜为充，气味合而服之，以补精益气。"

遵循四时之变，合理烹调，合理搭配，这就是我国古人最基本的饮食观。后随着社会的发展，烹饪技法、技艺更加精湛，烹饪材料丰富多样，人们在此基础上开始追求菜肴的色、香、味、形、美协调一致，以获得物质享受与精神愉悦，由此赋予了饮食独特的文化意趣和美感。

（1）食物之源

无论是原始社会的采集、狩猎，还是农业社会的耕种、畜牧，自然都是人们获取食物的主要途径，食物皆是自然的馈赠。因此，自然是食物的本源之美。现代社会，尽管科技的进步大大丰富了食材、调味品的类型，但人们仍旧追求自然、天然的健康饮食，享受食物原始的美。

一畦春韭绿

十里稻花香

（2）司厨之功

珍馐美味，源于食材的鲜美，也得益于厨师的智慧和功力。清代大美食家袁枚在《随园食单》中记述："大抵一席佳肴，司厨之功居六，买办之功居四。"意即在一席好宴中，买办挑选食材占四成功劳，厨师占六成功劳。切、削、雕、剁，百般技艺，搭配精选食材，精专创新，这是食材得以成为佳肴的根本。

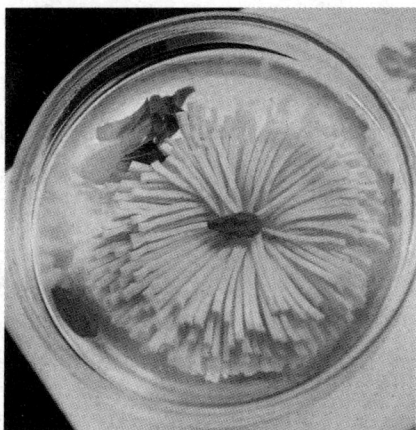

菊花豆腐

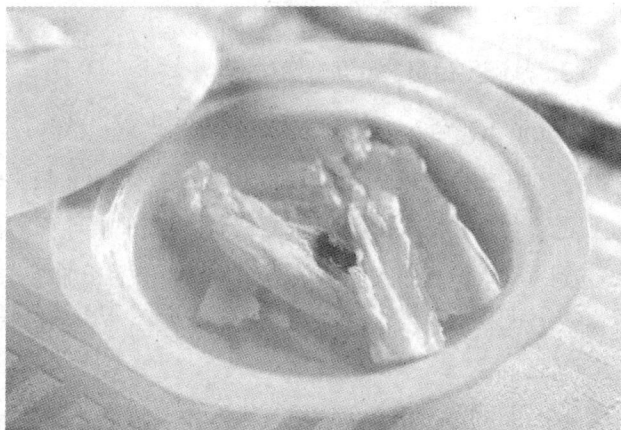

开水白菜

软嫩的豆腐被切成不断的丝，盛放于水中，宛若菊开，此菜可体现刀功之精。

鲜美的鸡汤十分清澈，白菜心洁白似玉。此菜看似清汤寡水，实则香味醇厚，可体现烹饪功夫之深。

（3）烹饪之法

烹饪之法随文明而生，随文明而兴。中华美食的烹饪技法变化万千，炒、爆、熘、炸、烹、煎、贴、烧、焖、炖、蒸、汆、煮、烩，千种技法，万般变通。鲁菜咸鲜纯正，川菜调味多变，粤菜鲜香精致，苏菜造型讲究，浙菜清新淡雅，湘菜鲜辣香嫩，徽菜鲜辣色浓。正是各个地区的因材"施法"，才铸就了我国百菜百味的灿烂饮食文化。

爆炒双脆

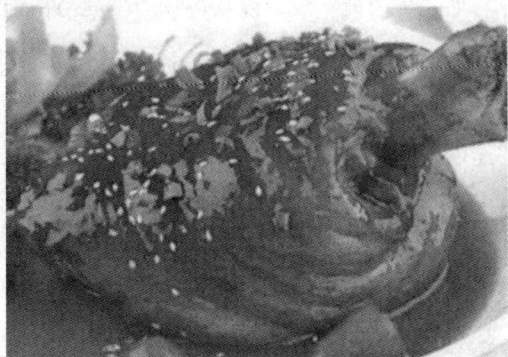

红烧肘子

（4）调味之道

烹饪之精要，在于调味。调味之道，在于致力五味之调和，适应百家之喜好，即"食无定味，适口者珍"。同样的食材能做出不同的味道，一菜数味、变化多端，皆在于恰到好处的调味。"有味使之出，无味使之入"，有味者去味，无味者增味，五味调和，方成就千变万化的味觉艺术。

（5）品味之趣

品味是品鉴美食的艺术。进食之趣，在于品味。南甜北咸，东辣西酸，佳肴以味为核心，但品味却并不仅是品食材、品调味、品功夫，还要品生活、品民俗。一地一俗，一地一味，品味各地佳肴，也是在品味各地文化。

3. 从满足口腹之欲到健康生活

《礼记·礼运》有言："饮食男女，人之大欲存焉。"满足口腹之需是食物之美最直接的体现。而在获得饱足之后，人们对于美食的追求也更上一个台阶。孔子在《论语·乡党》中描述自己"食不厌精，脍不厌细"，这体现出他倡导食物要精制细作。

到了近代，随着人们对各类食物的认识不断加深，食材健康、烹饪健康、搭配健康成为人们对美食的新期望：在食材上，要"绿色""无公害"；在烹饪上，要营养健康；在搭配上，要合理膳食。

从追求饱腹，到追求丰盛精致，再到追求营养健康，人们对于食物的态度，最终返璞归真，落到了食物的本味上。

体验美

从《穿越时空的古籍》中寻访古人的服饰与饮食之美

假如可以穿越时空，你最想去哪一个朝代逛一逛、看一看？

古人都怎么穿、怎么吃呢？

为了解答这些问题，许多学者和艺术家修复古籍、演绎古籍内容，将古人鲜活、有趣、动人的生活展现到今人面前，让古人的生活以新的形式延续，重新焕发光彩。

请同学们搜索《穿越时空的古籍》，或《布衣中国》（服饰）、《舌尖上的中国》（饮食），观看纪录片，品味历史长河中曾经璀璨的生活之美，体会文化传承的意义。

《明宫冠服仪仗图》是明代早期彩绘抄本

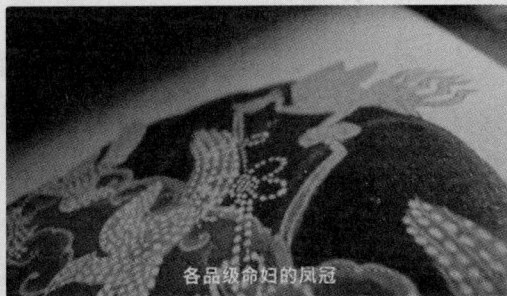

各品级命妇的凤冠

《穿越时空的古籍》（服饰）（纪录片截图）

宋

《穿越时空的古籍》（饮食）（纪录片截图）

创造美

分享我的生活

幸福感可以通过给生活做加法来获得，如购买一件喜欢的衣服、制作一餐精致的美食、打扫干净生活的房间……这些生活中微不足道的小事，可以持续带给我们愉悦，让我们感受到生活的乐趣。因此体验生活之美，要真正实践，用心感受，细细品味，与人分享。

1. 活动目的

感受生活，享受生活，分享生活，主动发现生活中的美好瞬间，加强对生活之美的理解。

2. 活动形式

全班同学分小组举办一次"生活分享会"，每小组3～5人。各小组分别搜集本组成员生活中的乐、趣、美，并通过文字、图片、短视频等方式记录下来，其内容可以关乎食物、器皿、服饰，也可以涉及朋友、家人，或生活趣事、人生心境，等等。

搜集完成后，将内容制作成PPT或视频，向其他同学放映分享。有条件的同学，也可以实物的形式进行分享和展示。

3. 活动要求

（1）请同学们积极参与活动，广泛搜集素材。

（2）活动结束后，可总结心得体会，记录自己的活动收获。

项目四
欣赏艺术美

人类的历史就是不断创造的历史。

在文明之初，人们聆听鸟雀的歌声，观察走兽的动作，从中体会到奇妙的美感，并进行模仿、游戏、祭祀，将这些他们认为美妙的东西用自己的方式记录下来，再加以创造，艺术就此诞生。

艺术来源于生活，给人以力量。观看一段精美的舞蹈，欣赏一幅传奇的画作，都可以带给人心灵上的愉悦享受，这正是艺术美的魅力所在。

爱美就是鉴赏……创造美就是艺术。

——爱默生

发现美

聆听穿越9000年的远古之音

1984年，距今7500～9000年的贾湖遗址出土了一根用鹤的翅骨制作的骨笛，这根骨笛器形完整，晶莹亮洁，可与美玉争辉。

那时的古人类还没有创造文字，难道已经创造音乐了吗？他们是在怎样的机缘巧合下发现中空的骨管可以发出声音的？他们又是如何吹奏它们的呢？

9000年前，一位远古先民在美丽的芦苇荡旁边，发现了一根漂亮的骨头，他把这根漂亮的骨头举在眼前，细细观察。忽然，芦苇荡的风吹过中空的骨管，骨管发出了低沉的呜呜声。这声音太奇妙了，难道这就是鹤与"神灵"沟通的声音？

远古先民欣喜不已，他把这根可以发出奇妙声音的骨头带了回去，在骨管上钻了一个小孔，当作佩饰挂在身上。这一天，芦苇荡又吹起了风，远古先民再次举起骨管，这一次，他又听到了骨管发出的声音。

他小心地在骨管上钻了更多的小孔，每一次芦苇荡起风了，他都把骨管举起来。风停了，他就把骨管放在嘴边，主动吹奏起来。渐渐地，他学会了用骨笛吹奏悠扬的曲调，人们伴随着这样奇妙的曲调舞蹈，这是他们献给天地和"神灵"的礼物。

9000年岁月变幻，那时的贾湖波光潋滟，水草丰美，花朵迎风摇曳，鹤群翩然起舞，远古先民望着渺渺大地，吹奏出悠扬的乐声。今天，这根骨笛与我们相遇，我们似乎还可以聆听到穿越9000年的远古之音，感受文明的先声。

贾湖骨笛

寻找大自然中的舞蹈

花朵的盛开，山峰的挺拔，大海的浪涌，云朵的飘逸。

柳枝在风中摇摆，鸟儿挥舞着双翅，羚羊在旷野中跳跃，松鸡直立起尾羽。

人们在田野上劳作，号手吹响号角。

大自然中的万事万物，都有其独特的姿态。人们通过观察这些姿态，创编出一支支充满魅力的舞蹈。

舞蹈是艺术，也是生活的一部分，艺术家通过舞蹈表达情感、传递思想，个人也可以通过简单的舞姿表达对自然的热爱、对生活的向往。

仔细观察自然，观察生活，主动发现那些充满了韵律感的姿态，感受舞蹈之美。

视频：大自然中的舞蹈家

孔雀昂首

天鹅垂首

不同品种的极乐鸟求偶

项目四 欣赏艺术美

04

☆ 探索美

❀ 探索目标

1. 赏鉴绘画之美，了解绘画的色彩与线条、表现与象征。

2. 领略书法之美，理解书法作品的笔法、结体、章法，以及情感与意境。

3. 聆听音乐之美，感受音乐的流动与情感。

4. 品味舞蹈之美，欣赏舞蹈的形体、节奏，体会舞蹈传递的情感。

5. 寻索建筑之美，认识建筑的结构、布局、装饰与文化。

❀ **美美与共** ────────────────────────

　　饱览中西艺术作品，理解我国传统艺术之美，提升艺术修养与审美水平，积淀文化，愉悦心灵，陶冶情操。

任务一　赏鉴绘画之美：春风到笔下

　　在绘画史上，西方曾经长期将逼真当作绘画的标准之一，画家们绘制的油画像是由相机拍摄而成，充满了色彩、光影的魅力。而中国古代则将含蓄、韵味作为绘画的评价尺度，追求修养、品味、意境，形成诗、书、画、印相融合的绘画形式。我们不妨从中西方绘画的历史、特点等角度来赏析这两种截然不同的绘画艺术，品味国画的意境美、含蓄美，感受西画的真实美、奔放美。

一、绘画艺术：文明的符号

　　绘画艺术是以线条、色彩、形体为主要造型语言，在二维平面上创造出具有三维空间感的静态的视觉形象艺术。绘画艺术伴随着人类文明发展，在文明诞生之初，绘画也应运而生。

　　在1万多年前的远古时期，古人类在法国拉斯科洞窟和西班牙阿尔塔米拉洞窟中画下了大量描绘野牛、野马、驯鹿等动物的壁画，这些壁画形象精美，栩栩如生，是古人类祭祀神灵、祈求丰收的象征，也是绘画艺术开始的地方。我国素有"书画同源"之说，早期的甲骨文本质上也是一种绘画形式，"日"是一个扁扁的圆角矩形，"月"是一个弯弯的半月形，这都是对日、月这些自然景物的观察与描绘，后经过历史演变，才逐渐成为我们今天认识的文字。

1. 国画的历史

　　我国传统神话故事中流传着伏羲画卦、仓颉造字的传说，有人称他们开创了书画之先河。事实上早在新石器时代，我国先民已经开始在彩陶上绘制各种图案，其中有互相追逐的鱼、跳跃的鹿，或者携手舞蹈的人。夏商周时期，人们在各种器物上绘制花纹，其中有云雷纹、夔纹、龙纹、虎纹等，这些纹样大多绘制讲究，极其美观。

　　战国时期，人们开始使用朱砂、石青等矿物颜料在布帛上绘画，战国帛画构图简洁、色彩明快、线条流畅，反映了古人在艺术创作上的想象力，以及对形象和轮廓的把握能力。汉代的绘画艺术十分发达，汉宫中画工人数众多，还设置有管理画工的"少府"。这时的绘画题材繁多，既有规模宏大的壁画，也有充满幻想色彩的神怪画；既有形象传神的肖像画，也有表彰功勋的历史画。

　　魏晋南北朝时期，佛教壁画艺术空前发展。这时的绘画形式以宗教绘画为主，山水画、花鸟画也在此时萌芽。同时，卷轴画也得到了极大的发展，一批有文化修养的士人画家出现，如曹不兴、张僧繇、顾恺之、卫协、张墨、顾景秀、杨子华等。此时的画作中，尤以顾恺之的《洛神赋图》最为出名。

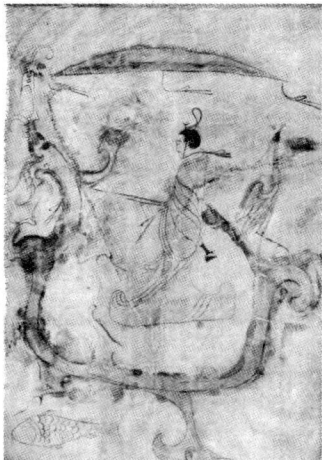

《人物御龙帛画》，佚名（战国）

该画寓意墓主人驾驭飞龙升天，白描与平涂兼具，人物略施彩色，布局精当，比例准确，线条流畅。

《洛神赋图》局部，顾恺之（晋）（宋摹本）

该画描绘了曹植在洛水边与洛神相逢的情景。全画人物安排疏密得宜，山川树石天然，所谓"人大于山，水不容泛"，体现了早期山水画的特点。整幅画用笔细劲古朴，恰如"春蚕吐丝"，被后世称作"春蚕吐丝描"。

唐代绘画如同唐代诗歌一样成果辉煌：在题材方面，人物画高度繁荣，山水画、花鸟画迅速发展，宗教绘画也十分盛行；在画家方面，名家辈出，群星璀璨，如阎立本、吴道子、李思训、王维、张萱、周昉、张璪、韩滉等都是独树一帜、彪炳千古的大家。

《簪花仕女图》局部，周昉（唐）

该画描绘了衣着艳丽的贵族妇女及其侍女于春夏之交赏花游园的情景。全画线条细劲有神，流动多姿，仕女形象生动，细节描绘严谨。秾丽的设色，头发的钩染、面部的晕色、衣着的装饰，都极尽工巧之能事，此画是唐代人物画的典型代表。

《送子天王图》局部，吴道子（唐）（宋摹本）

《送子天王图》又称《释迦牟尼降生图》，描绘的是释迦牟尼降生后，他的父亲净饭王抱他去拜谒天神的情形。整幅作品以线条为基本造型手段，描绘了人物、鬼神、瑞兽共20多个生动逼真的形象。画中人物衣褶笔势圆转，富有节奏感，显现出迎风飘舞的姿态，人称"吴带当风"，体现出吴道子独特的线描艺术。

《辋川图》局部，王维（唐）（清摹本）

此画为王维晚年隐居辋川时所作，是早期水墨山水画的代表作。画面中，亭台楼阁古朴端庄，四面群山环抱，树林掩映。房屋周围山环水绕，偶有舟楫过往，呈现一派超凡脱俗的景象。

宋代文人绘画兴起，风俗画、山水画和花鸟画成为主流。宋人总结并发展了唐、五代时期的成果，形成水墨画与重彩画并驾齐驱的形势。一批文人画家从诗歌中获取灵感，开创了追求诗情画意、诗画结合的新局面。宋代著名的画家有王居正、张择端、范宽、苏汉臣、马远、阎次平、赵佶、李迪、赵大亨、刘宗道、燕文贵、杨威、米芾、米友仁、王希孟等，著名的画作则有《纺车图》《清明上河图》《秋庭戏婴图》《货郎图》《盘车图》《耕织图》《薇亭小憩图页》《千里江山图》《踏歌图》等。

《清明上河图》局部，张择端（宋）

《清明上河图》描绘的是清明时节北宋都城汴京（今河南开封）东角子门内外和汴河两岸的繁华热闹景象。全画用笔兼工带写，设色淡雅，在构图上采用鸟瞰式全景法，画面长而不冗，繁而不乱，严密紧凑，如一气呵成。画中所摄取的景物，大至寂静的原野、浩瀚的河流、高耸的城郭；小到舟车里的人物、摊贩上的陈设货物、市招上的文字，丝毫不失。多达500余人的画面中穿插着各种情节，这些情节被组织得有条不紊，同时又具有情趣。

元代山水画笔法空前丰富，更能表现出物象的多种质感。同时，元人崇尚以书法入画，强调笔情墨趣的形式感，这对国画的发展具有积极意义。明代，山水花鸟画成为大宗。以沈周、文徵明、仇英、唐寅等为主的文人画家大多能诗善画，工于书法。明代后期的另一位画家徐渭从根本上对水墨写意花鸟画进行了变革，他大胆突破客观物象形质的局限，赋予物象以强烈的情感色彩，一反文人画家闲适淡雅的意趣，直抒胸臆，他画中的物象有着极强的艺术感染力。

明末清初，出现了陈洪绶、傅山、"四画僧"、"金陵八家"和"四王"等一大批杰出的画家，形成了我国绘画史上奇峰突起的瑰丽景象。乾隆年间，兼工诗画的扬州画派崛起。晚清时期，上海画派出现，雅俗合流的趋势日益明显。一部分画家吸取了西画的某些元素，这标志着我国近现代绘画的萌芽。

《沧洲趣图》局部，沈周（明）

该图所绘的沧洲地处北方，沈周未曾到过，因而他从表现自身所熟悉的自然山水出发，着重揭示山水本性和真趣，故图名"沧洲趣"。在作画时，沈周撷取了南方山川的秀丽，描画了逶迤山丘、浩渺水面。同时，他又融入北方山峦的雄阔之势，描画了山石积叠的景致。

2. 西画的历史

在石器时代，西画的雏形以壁画的形式存在，那一时期的壁画在题材上以动物为主，风格自然，造型准确，表现生动，线条简练，见证了西方人类文明的诞生。

古埃及时期的绘画有着固定的模式：眼睛是正面的，脸却是侧面的，上身是正面的，四肢却是侧面的。这一时期的绘画依据的不是视觉经验，而是既定的观念和规范。古希腊时期，人们开始崇尚健美的人体，在他们看来，人体是美丽、高贵、伟大、崇高的，因此人物雕塑盛行。古罗马文化是西方文明的摇篮，后代的大多画作都以古罗马时期的神话故事和绘画手法为基础发展而来。古罗马时期的绘画以镶嵌画和壁画为主，多记载具体历史事件，用来装饰公共场所和住宅。79年，由于维苏威火山爆发，大量珍贵的古罗马壁画被埋藏并得以保存。

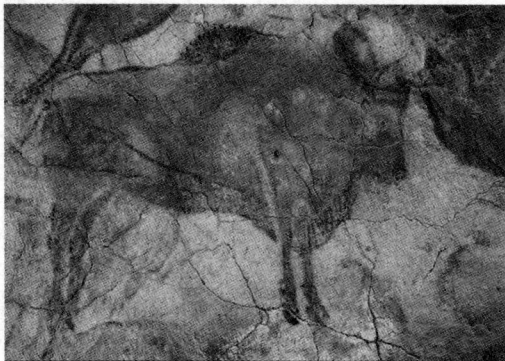

西班牙阿尔塔米拉洞窟野牛壁画

画中野牛被绘以赭红、黑、褐等颜色，形象生动，造型细致准确。

古埃及宴乐图

画中人物丰富，姿态多样，具有典型的"正面胸，侧面腿"特征。

中世纪，西画以表现基督教主题为主，受宗教影响，这一时期的绘画艺术十分繁荣。文艺复兴时期，人们渴望着打破封建神权，打破封建制度对人的精神乃至肉体的封锁，主张个性解放，提倡个性自由，他们一方面从罗马和希腊的古典艺术中汲取营养，另一方面也通过探索发明了透视法，在油画材料和技法上进行改革，使得油画艺术的表现力大大提高。这一时期，欧洲产生了大量优秀画家，其中包括达·芬奇、米开朗琪罗、拉斐尔、提香、丢勒、乔尔乔涅、荷尔拜因和勃鲁盖尔等。

16世纪后半期到17世纪，为了打破文艺复兴时期严肃、含蓄和均衡的风格，崇尚豪华气派、注重强烈情感表现的巴洛克风格出现并风行，至18世纪逐渐衰落。18世纪后半期到19世纪初，新古典主义风格在欧洲画坛盛行，它一改巴洛克风格的豪华、流动、雕琢、修饰，转而追求古典艺术的宁静庄重与和谐均衡。19世纪初，浪漫主义绘画异常繁荣，到中期，写实主义绘画异军突起，再到后半期，印象派与后印象派绘画出现，多种画派交替更迭，大量优秀画家各领风骚。20世纪，西画进入现代主义时期，画家们不断寻求变革与创新，野兽主义、表现主义、未来主义、超现实主义等新的绘画流派层出不穷，令人目不暇接。

《蒙娜丽莎》，达·芬奇

文艺复兴时期表现真人、平凡人的名作，开创了人文主义之先河。

《星月夜》，凡高

半抽象风景油画，印象派作品，描绘了小山村繁星点点的夜晚景象，夜空翻滚如蓝色旋涡，一轮发光的新月高悬。

3. 国画的写意与西画的写实

黄宾虹说："西人之艺术专尚写实，吾国之艺术则取象征；写实者以貌，象征者以神，此为东方艺术独特之精神。"这指出了中西方绘画在风格上的差异。绘画是人类文明的符号之一，中西方绘画因社会历史条件、文化传统等不同，呈现出不同的审美体系。国画以表现、抒情、写意见长，西画以再现、摹仿、写实取胜。国画多取景山水、花鸟，西画以表现风俗、风景和静物为主。中国山水画中，山水之景是主体，一两人隐于风景之中，不甚明显。而在西方油画中，人物明显，甚至占据大量画面。

国画中的人物

西画中的人物

中国水墨画追求"妙在似与不似之间"的写意，齐白石认为："作画在似与不似之间为妙。太似为媚俗，不似为欺世也。"而西画则重视写实，通过对物象比例、颜色、光影的精确理解，采用贴切的颜色在画布上"复现"物象，力求描绘出人眼直接观看到的物象。

以马为例，徐悲鸿和乔治·斯塔布斯分别是中西方画马的翘楚。徐悲鸿的《奔马》和斯塔布斯的《枣红马》虽然题材都是马，呈现的艺术效果却迥然不同。徐悲鸿着重表达马舒展、轻盈的动态和昂扬的风貌，画的是心中之马。斯塔布斯所绘的则是真实的马的画像，是基于对马的解剖结构的掌握而作的画像，是对现实之马的"复现"。

《奔马》，徐悲鸿　　　　　　　　《枣红马》，斯塔布斯

二、色彩与线条

色彩是绘画中最有表现力的要素之一，能引起人们共同的审美愉悦。西方的印象派油画常采用对比鲜明的色彩，高饱和度的颜色相互碰撞，可以形成富有冲击力、吸引力和感染力的画面。中国水墨山水画的色彩则是舒缓和谐的，浓一笔是近山，淡一笔是远水，画家于深浅浓淡之间捕捉事物的神韵，自成写意风流。

线条也是绘画中的重要表现要素，国画十分注重线条的使用，人物、山水、花卉等都用线条来表示，每一根线条或刚健、或苍老、或古朴、或厚重、或飘逸，都经过了一代代文人画家的钻研。如晋代画家顾恺之的《洛神赋图》，其对线条的运用可称出神入化：衣饰的精美繁复，洛神的缥缈唯美，通过线条展现得淋漓尽致，观者观画时仿佛能步入画中的仙境。西画则不同，西画中的线条主要起着界形的作用，它附属于形体，受制于物象。即便在"抽象主义""表现主义"等绘画风格的作品中，线条的随意性也非常大，远没有国画线条用笔的丰富和形式规定的严格。

西画的色彩对比

国画的浓墨淡彩

国画以线条表达意象与物象

西画中的物象之间多无描线

三、构图与布局

构图就是将要表现的形象适当地组织起来，布局成一个协调、完整的画面。在构图上，西方绘画艺术以透视法构图为主，遵循近大远小、近精细远模糊的规律，作品呈现的画面与人在固定视角的视觉体验相符。

《牛轭湖》描绘了暴风雨后从某处山顶俯瞰时所见的自然风光，画面左侧，乌云和暴雨正疾驰而去，山顶树木被暴雨摧残，而画面右侧则天空放晴、田野整齐、河流蜿蜒，一派世外桃源般的田园景象。左近右远，左暗右明，近处的树木和树叶清晰可见，远处的田野和河流模糊简略，观者在欣赏这幅画时，仿佛正站在山顶树旁，眺望远方。

国画注重内涵和意境，在构图上不受一时一地的视野束缚，采用散点透视构图，可将远隔千里、时隔数日的内容集中表现在一个画面之中。国画所用的透视法是"三远法"，即高远、深远、平远。画家不是从一个固定角度集中于一个透视焦点进行观察并表现事物的，而是上下四方、一目千里地改变着视点。如宋人郭熙所说："自山下而仰山巅，谓之高远；自山前而窥山后，谓之深远；自近山而望远山，谓之平远。"国画往往要最终呈现出"从画面上看不出画家立足何处，而处处都有画家在"的效果。

《牛轭湖》，托马斯·科尔

物象近大远小，近精细远模糊。

绘制"画中之兰亭"的《富春山居图》时，黄公望采用浏览、移动、重叠的视点，或以广角表现物象之深远，或将物象推近特写，视点无拘无束、千变万化。这样自由的视点为观者展示了富春江沿岸景色的全貌，观者也可"移步换景"，领略画中山水。

《富春山居图》（局部），黄公望（元）

远隔千里之物，框于一画之内，气象万千。

四、表现与象征

绘画在本质上是人自我表达的一种方式。正如里尔夫所说："在油画的后面，跳动着画家的脉搏；在塑像之中，呼吸着雕刻家的灵魂。"绘画是画家内心的表现，画面中的元素象征着画家的感情、思想、理念、价值观。

1893年，爱德华·蒙克画出了《呐喊》，展现了扭曲的人物、诡诞的风景、难以名状的表情，强烈的情绪几乎要溢出纸面。蒙克使用夸张的造型、强烈的线条、简洁概括的色块，表现了焦虑、恐慌、不安和孤独等情绪，反映了在当时的社会背景下人们普遍的彷徨和不安——《呐喊》，是整个时代的悲呼。

国画的象征则与中华传统文化相联系，文人墨客亲近自然，观察自然万物的姿态，联想人的风骨修养，继而借物抒怀，以绘画表达某种思想、心境或意境，表现内心的志向或雅趣。清代文人画家郑板桥，一生画竹最多，次则兰、石。他画竹是画竹的虚心气节，画兰是画兰的文心傲骨，自称"四时不谢之兰，百节长青之竹，万古不败之石，千秋不变之人"。

《呐喊》，爱德华·蒙克

《竹石图》，郑板桥（清）

任务二　领略书法之美：笔走龙蛇舞

　　书法是线条的艺术，将线条附于文字，随笔走龙蛇，刚柔、轻重、曲直、顿挫、快慢，自成节奏和韵律。唐代书法理论家张怀瓘在《书议》中把书法称为"无声之音"，认为书法凭借点、线之间有规律的组合和有节奏的变幻，即可表达忧郁、畅快、恬逸、奔放、悲壮等情感，与音乐可谓异曲同工。我们可以从书法的形式、意境等角度来感受书法的"无声之音"与"无形之相"，唤醒对书法的审美情感。

一、书法艺术：线条的追溯

　　书法艺术是中华民族的艺术瑰宝。远古时期，先民还没有创造文字，通过在陶罐上刻画图形符文以记载所发生的事情。后来，这些图形符文逐渐演化，就变成了文字，书法艺术也随之诞生并发展起来。

　　在距今三四千年的殷商时期到西周初期，人们将文字刻在龟甲和兽骨上，故其称为"甲骨文"。甲骨文是商朝后期王室用于占卜吉凶和记事而在龟甲或兽骨上刻画的文字，其形体结构已由独立体趋向合体，而且甲骨文中出现了大量

视频：翰墨情怀

的形声字，这些形声字在形式上显示出非常鲜明的艺术特征，翻开了我国书法艺术史崭新的一页。

保存至今的西周时期的文字大多刻铸于青铜器上，因古代称铜为金，所以这些文字又被称为"金文"。青铜器的种类繁多，有食器、乐器、钱币、符玺、兵器等，这些器物上都可以刻铸文字。由于当时的乐器以钟为代表，食器以鼎为代表，故人们也把这种文字称为"钟鼎文"。金文属于大篆，凝重古穆、疏朗娟秀，具有独特的古典雅致的韵味，这也是后世称书法艺术具有"金石气息"的渊源。

甲骨文

金文

春秋战国时期，书法艺术进入了以石鼓文为代表的由大篆向秦篆演变的时期。石鼓文因其所刻之石外形似鼓而得名，虽与金文有所不同，但就其格局、体势来看，仍与大篆同属一个体系。

公元前221年，秦王嬴政吞并六国，建立了大一统的秦王朝。为了巩固政权，秦王朝推行"书同文，车同轨"、统一度量衡的政策。据史料记载，为了对春秋战国以来混乱的文字进行厘定规范，赵高、胡毋敬、李斯分别撰写了《爰历篇》《博学篇》《仓颉篇》。这3篇字书以大篆为基础，依照易于辨识、利于书写、便于推行的原则编写而成，历史上称其中的文字为"秦篆"，为区别于大篆，又称其为"小篆"。秦王朝虽然确立并大力推行小篆，但对于其他的字体，诸如大篆、刻符、虫书、摹印等并没有尽行废毁。秦时官吏程邈，因获罪被关押在狱中。他深感小篆书写困难，便潜心研究，创作出一种便于书写的字体，因当时这种字体通行于下层小吏中，所以被称为"隶书"。

汉时，隶书兴盛一时，在这一时期，书写简便的章草、今草应运而生，行书、楷书也开始萌芽。魏晋时期，篆书和隶书仍在使用，但已不如以前使用广泛，楷书、行书、草书等大大发展，此时还诞生了钟繇、王羲之等书法大家。魏晋以后，新的书体繁荣发展，唐代的颜真卿、张旭、怀素，宋代的苏东坡、黄庭坚、米芾、蔡襄，元代的赵子昂，明末清初的王铎……书法家层出不穷，犹如灿烂群星，不断丰富着书法的深厚底蕴，也创造出书法艺术的无穷魅力。

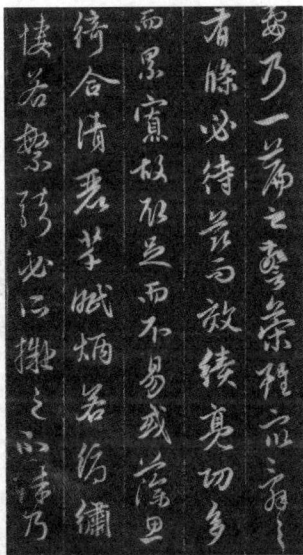

大篆　　　　　　　小篆　　　　　　　隶书

楷书　　　　　　　行书　　　　　　　草书

二、笔法、结体与章法

现代书法家沈尹默曾说，书法无色而有图画的灿烂，无声而有音乐的和谐，引人欣赏，心旷神怡。对于一幅酣畅淋漓的书法作品而言，笔法、结体与章法三要素必不可少，出色的笔法能够产生千姿百态的笔画（线条），良好的结体能够赋予文字丰富多变的结构，严谨有度的章法则能使整篇作品和谐统一，呈现出独特的艺术风格。

1. 笔法之美

宗白华在《中国书法里的美学思想》一文中说道："罗丹在万千雕塑的形象里见到这一条贯注于一切中的'线'，中国画家在万千绘画的形象中见到这一笔画，而大书法家却是运此一笔以构成万千的艺术形象，这就是中国历代丰富的书法。"笔画，是书法最基础的组成元素，书法艺术之美，正是由笔法开始。握笔有力，方能使线条有力，方能有好书法。卫夫人的《笔阵图》载："下笔点画，波撇屈曲，皆须尽一身之力而送之。"这说的也是同样的道理，集全身力量于笔毫之间，才能运笔有力、入木三分。

书法的笔法并非一味追求力量，还强调节奏美，追求"一点一画，皆有三转；一波一拂，又有三折"（《续书谱》）的艺术效果，而用笔的松紧、轻重、快慢，都会影响线条的节奏美。相传，张旭因观看公孙大娘舞剑而悟出了草书的表现风格。隶书的"一波三折"、楷书的刚柔并济、草书的跌宕起伏等，无不展示着线条的节奏美。

《玄秘塔碑》中的"门"字，柳公权（唐）

笔画顿挫有力，挺劲舒长，提、钩两处更是方折峻整，有如截铁。横画和竖画长短交错，各笔画之间或连接、或巧妙地留出一点缝隙，形成错落有致的韵律感。

2. 结体之美

结体是汉字书写的间架结构，是将横、竖、撇、捺、点、钩、挑、折按照一定的书写规律和体式构建的形体。我国古代书法家对书法结构进行了长期的探索，形成了诸如《欧阳询结字三十六法》等成果。

汉字结体首先要平整稳定，《书谱序》云"初学分布，但求平正；既知平正，务追险绝，既能险绝，复归平正"，可见"平正"是书法结体的基本要求。平正最主要的表现就是"横平竖直"，横平竖直的"框架"显得稳定端庄。而平并不指绝对的水平，书法中横画右端常常会上扬5°～7°，以实现视觉上的美观。

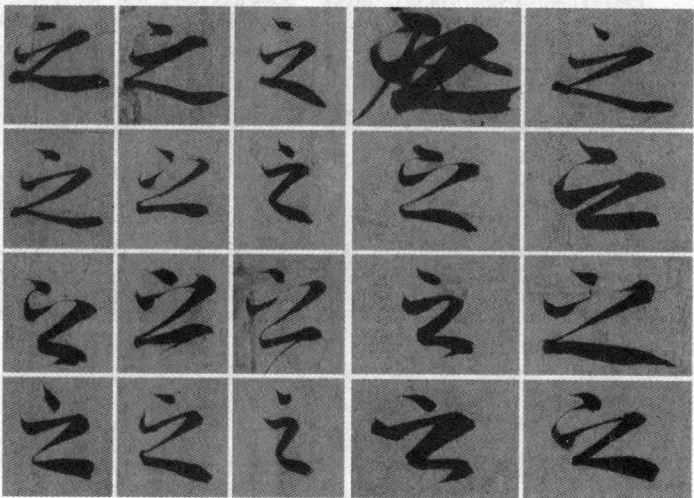

《兰亭序》临摹本中的"之"字

书法结体还追求"因字取势，灵活变化""呼应连贯，气象飞动"，根据汉字本身笔画的不同和各笔画之间的关系，巧妙安排结构。王羲之善于写"之"字，在名作《兰亭序》中，他写下了20个各不相同的"之"，它们虽是同一字，却各显风采，变化万千。

3. 章法之美

章法，即书法作品中字与字、行与行、幅与幅之间的连贯、呼应、照顾等关系和整体布局安排。聚笔画而成字，集众字而成篇，章法之美可谓是书法家所追求的最高境界。

一幅好的书法作品，其字与字、行与行间需要首尾顾盼，既要相互避让，又要相成相就，即前面的字、行既要有应有的风貌，又要为后面的字、行提供照应，而后面的字、行必须顺应前面的字、行来书写，前后形成"唱和"，互相映衬，相互照应，从而使字字自然活泼，行行生动。王羲之的《兰亭序》中，"之"字各不相同，也是因为其前后文及所处的行不同。正如董其昌的《画禅室随笔》所言："右军（王羲之）《兰亭序》，章法为古今第一，其字皆映带而生，或小或大，随手所如，皆入法则，所以为神品也。"

同时，书法作品还要"留白"，着笔墨为"黑"，无笔墨叫"白"。《书筏》云："精美出于挥毫，巧妙在于布白。"黑与白相对，虚与实相生，整个作品才能气韵生动，富于神韵。

欣赏美

天下第一行书

王羲之的书法注重技法，以妍美为特征，他早年从卫夫人处学书法，后改为向钟繇、张芝学习，博采众长，自成一家，在隶书、正（楷）书、行书、草书方面均超古人。

《兰亭序》是王羲之的行书代表作，创作于东晋永和九年暮春之初的三月初三。当时王羲之和谢安、孙绰等人在会稽山阴的兰亭集会，按照"修禊"的习俗，借"曲水流觞"饮酒。他们在上流放置酒杯，酒杯顺流而下，停在谁的面前，谁就要在规定的时间内赋诗一首，否则罚酒一杯。后来，王羲之等11人各赋诗两首，还有15人各赋诗一首。王羲之遂乘酒兴，为这几十首诗写了一篇序文，后人一般称其为《兰亭序》。

《兰亭序》兼具行楷之美，从头至尾信手写来，浑然天成。该作品在章法布局上疏朗有致，纵有行、横无列，行与行虽大致相等，但时有宽窄曲折，相映成趣；在用笔上变化多端、精妙至极，粗者健壮而不臃肿，细者秀丽而不纤弱，轻重缓急，自成节律。其中挺秀飘逸的神韵、遒劲爽健的线条、圆融中和的体态完美地呈现出一个洗练、细腻、丝丝入扣的美学境界。

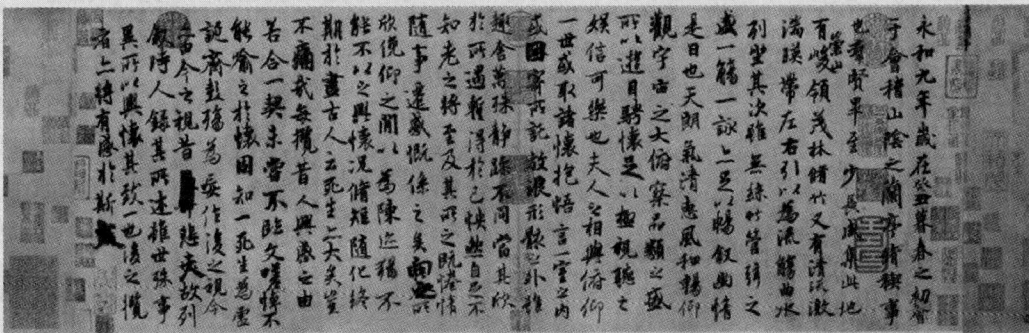

《兰亭序》（局部），王羲之（晋）（唐摹本）

感悟： 《兰亭序》作于王羲之的盛年，被历代书法家誉为"天下第一行书"。《兰亭序》真迹亡佚，但因其"登峰造极，风神盖代"，一直为后世所追崇、临摹，其展现出的豪放大气和时代风骨，正是晋人追求的自然天成、和谐畅达的柔性美的体现。

三、书法的情感与意境

为世人称道的书法作品，大多是书法家心血和智慧的结晶，必然蕴含着书法家的情感。王羲之在欢畅的聚会中，乘着酒兴挥毫泼墨，写下了《兰亭序》；颜真卿怀着满腔哀痛和悲愤奋笔疾书，成就了《祭侄文稿》；黄庭坚观松风阁而触景生情，在感慨中手书《松风阁诗帖》……书法大家于情感跌宕时挥毫，赋予了书法作品以生命，使书法不止于"一手好字"，还具有了打动人心的特质。

书法作品的情感一经升华，便成意境。意境，是笔法、结体、章法与情感的共同体现，是书法之美的最终呈现。笔法赋予书法基本造型，结体与章法赋予书法变化灵动、风韵别致的艺术效果，再加之书法家的真挚情感，三者共同构成了书法作品独特的意境之美。

《祭侄文稿》，颜真卿（唐）

《祭侄文稿》是颜真卿在极度悲愤时写就的，通篇情如潮涌，书体由行草逐步变成狂草，朴拙苍劲，刚柔并济，纵笔豪放，一气呵成。

四、中华书法文化

书法是中华传统文化中不可分割的一部分，在世界各国文字的书写中，没有其他任何文字的书写，像汉字的书写一样，最终发展成为社会广泛接受的独特艺术形式。书法在古代社会生活中占有重要的地位，孔子将"书"列入"六艺"，认为书法是儒生必须要掌握的技能之一，晋代以王羲之为代表的琅琊王氏族人曾"临池学书"，致使洗砚池"池水尽黑"。

书法是文人的精神追求和生活趣味，欧阳修曾说："自少所喜事多矣，中年以来，渐已废去，或厌而不为，或好之未厌，力有不能而止者。其愈久益深而尤不厌者，书也。"

书法也体现着文人的学问、才华和志向。清刘熙载在《艺概·书概》中说："书，如也，如其学，如其才，如其志。总之，曰如其人而已。贤哲之书温醇，骏雄之书沉毅，畸士之书历落，才子之书秀颖。"正所谓"书如其人"，《颜勤礼碑》中的颜真卿忠义奋进，顶天立地；《兰亭序》中的王羲之自由高逸、表里澄澈；《黄州寒食诗帖》中的苏东坡惆怅孤独，抑郁苦闷。

书法根植在深厚的中华传统文化土壤中，有着巨大的文化魅力和博大精深的文化内涵，是中华传统文化的精华和典型象征。今天，我们依然欣赏书法、学习书法，通过书法从中华优秀传统文化中汲取营养，塑造人格。

任务三　聆听音乐之美：欲随流云飞

音乐，由文化孕育而生。古代西方人为了生存，与恶劣的自然进行斗争，用音乐歌颂英雄，谱写英雄的史诗。我国古代将"礼、乐、射、御、书、数"作为君子六艺，以音乐教化人民，启迪智慧，用音乐谱写人文的史诗。作为"人类共同的语言"，音乐具有超越语言的表达性。我们可以追溯音乐的历史，剖析音乐的文化，感受音乐的隽永韵味。

一、音乐艺术：辉煌的史诗

远古时期，贾湖的先民用一根骨笛吹出了音乐的先声。那一曲高亢而辽远，苍茫而古朴，让人们体悟到音乐的魅力。龙山文化遗址出土的鼍鼓（打击乐器），河姆渡遗址出土的骨哨，都是先民喜爱音乐的见证。

1. 中国传统音乐

中国素号"礼乐之邦"，传统音乐历史悠久，有文献记载的可追溯到黄帝时期。《吕氏春秋·古乐篇》记载："昔黄帝令伶伦作为律……听凤皇之鸣，以别十二律。"《吕氏春秋·音初篇》则记载了一首迄今所知最早又最短的四言情歌《候人兮猗》，意为等候人。相传大禹因治水巡视南方而不能与恋人涂山氏女相会，涂山氏女为了抒发对大禹的思念，吟唱了这首情歌。

夏朝已有《大夏》《九招》《九歌》等乐舞，商朝出现了大量打击乐器，如鼓、磬、编钟等。周朝建立了我国第一个宫廷雅乐体系，有记载的乐器就有近70种。雅乐在风格上"大乐必易，大礼必简"（《乐记》），以齐奏为主，典雅庄严，节拍缓慢，多呈现肃穆、安静与和谐的气氛，代表性乐舞有《武》和《象》。

春秋战国时期，大量宫廷和民间音乐家涌现，如《列子·汤问》记载的薛谭学讴和韩娥的歌声"余音绕梁，三日不绝"，《乐府题解》记载的"伯牙学琴，三年而成"，等等。

欣赏美

曾侯乙编钟

编钟始于商朝，兴于西周，盛于春秋战国至秦汉时期。整套编钟通常由若干个大小不同的钟组成，商朝的编钟为3枚一套或5枚一套，西周中晚期有8枚一套的，到东周时，编钟发展到9枚一套或13枚一套。先秦编钟一钟双音（分别敲击钟的不同部位，同一钟可以发出两种不同的乐音），钟体大小不一。钟体小，音调高，音量小；钟体大，音调低，音量大。将整套编钟有次序地悬挂在木架上，并规律地敲击钟体，就可以演奏悠扬悦耳的乐曲。

战国早期的曾侯乙编钟是我国古代编钟的代表，全套编钟共65件，按大小和音高分3层8组悬挂在由青铜佩剑武士托起的曲尺形漆木钟架上，浑厚古朴，气势壮观。曾侯乙编钟是我国迄今发现的数量最多、保存最好、音律最全的一套编钟，以姑洗律（相当于现代国际通用的C大调）为基调，音域宽达5个半八度，中心音区12个半音齐备，可以旋宫转调，演奏各种乐曲。

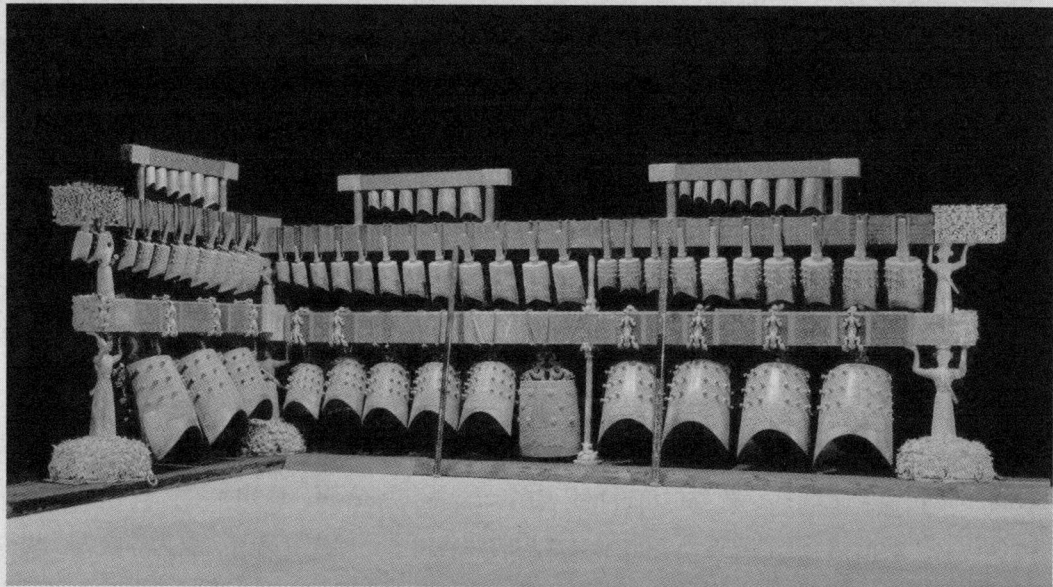

曾侯乙编钟

感悟： 编钟是我国古代的重要打击乐器，主要用于祭祀或宴饮。曾侯乙编钟不仅是我国古老文明的象征，其反映出的与古代音乐、声学、冶金、铸造等有关的科技研究与实践的水平，时至今天仍让人惊叹不已。

秦汉时专门设置乐府，由其从事民间音乐的收集整理、依曲填词、创作改编曲调、编配器乐伴奏和进行歌唱器乐表演等一系列与音乐有关的工作。这一时期，最主要的音乐形式是鼓吹乐与相和歌。鼓吹乐是一种用打击乐器和吹奏乐器配合演奏的音乐形式。打击乐器以鼓、铙为主，吹奏乐器则以排箫、横笛、胡笳、角为主。相和歌由一人手执"节"敲着节拍歌唱，以排箫、笛、笙、瑟、琴、筝、节、琵琶、箜篌等丝竹类乐器伴奏。

魏晋南北朝时期，清商乐成为主流。清商乐是在相和歌的基础上直接继承和发展而来的，是相和歌与"吴声""西曲"相互结合的产物，风格一般较纤柔绮丽。这一时期，琴曲也获得了较大的发展，魏晋时期的阮籍、嵇康等名士都以善于操琴闻名于世。

在清商乐之后，燕乐（也称宴乐）开始盛行。燕乐的内容丰富多彩，其以歌舞音乐为主体，包括各种声乐、器乐、舞蹈、散乐百戏等诸多体裁和样式，是当时汉族和少数民族音乐大融合的产物。

欣赏美

《霓裳羽衣曲》

汉魏时期，相和歌和清商乐已经初具大型歌舞音乐的形式，隋唐的燕乐大曲则将这种艺术形式发展到了更加复杂、繁荣的阶段。燕乐大曲是唐代燕乐艺术成就最高的形式之一，演出时歌、舞、器乐并用，场面宏大，乐舞缤纷。其主要由"散序""歌""破"3个部分组成，"散序"无拍无歌，节奏自由，由器乐演奏；"歌"则是歌唱，抒情慢板，用乐器伴奏，有时也加入舞蹈，是燕乐大曲的主体；"破"就是繁音急拍的结束部，以舞蹈为主，用乐器伴奏，节奏较快。燕乐大曲作品非常丰富，著名的有《霓裳羽衣曲》《破阵乐》《绿腰》《凉州》《泛龙舟》《玉树后庭花》等。

唐代诗人白居易所写《霓裳羽衣舞歌》，就生动形象地描绘了《霓裳羽衣曲》表演时的盛况和燕乐大曲的结构形式。"散序六奏未动衣"，即"散序"六遍无拍，故不舞。"散序"之后，乐曲由柔转刚，直如秋竹坼裂、春冰迸碎，舞者入拍起舞，翩若流风回雪，疾如游龙惊鸿。直至"繁音急节十二遍，跳珠撼玉何铿铮"，齐声和鸣，节奏快捷，曲调繁复，气势宏大。曲破后，舞乐齐喑，诗人才恍然回神。

感悟： 燕乐大曲结构庞大，充满了复杂的节奏变化，将我国音乐史上的歌舞音乐推向了更高的发展水平，是我国音乐史上一朵独特的艺术之花。

隋唐时期的曲子在宋代逐步成了一种广泛流行的歌曲形式，直接促成了宋词创作的繁荣，宋元时期的音乐最终形成了以南北曲为中心的格局。鼓子词和诸宫调便是宋元时期和曲子有较多联系的说唱音乐。宋元时期的乐器也有很大的发展，弹弦乐器中三弦，在宋、金时即开始流行。在元代，胡琴已成为一种相当流行的乐器。

明清俗曲小调内容丰富，多反映民间世俗生活且通俗易唱，是在宋元词调小曲的基础上直接继承和发展而来的。明清时期音乐的另一大特点是说唱音乐新曲种和地方戏曲新声腔的大量涌现。在乐器方面，琵琶已不是权威的乐器。笙及古琴，因为流传已久故而仍占有重要的地位。胡琴、唢呐及芦簧类乐器则有较大的发展，胡琴的种类增加，出现了四弦的四胡、京胡、三弦胡琴、马头琴等。

视频：古代传统乐器

2. 西方古典音乐

西方是世界音乐的重要发源地之一，音乐流派和音乐类型众多。在古希腊、古罗马时期，编曲和对音乐的演绎还比较简单，音乐主要作为祭祀音乐存在，也伴随着诗歌的吟诵和悲剧的表演而出现。到了中世纪，西方的音乐逐渐与宗教结合在一起。中世纪后期，记谱法出现，虽然尚没有小节线和五线谱，但使用高低位置记谱的方法为五线谱的发明奠定了基础。同时，拨弦乐器（如里拉琴）、弓弦乐器（如提琴）、吹管乐器（如竖笛、风笛、小号）、键盘乐器（管风琴）等乐器也相继出现。

文艺复兴时期，西方开始强调人文主义精神，关注人的价值。这一时期的音乐追求人性的解放和情感的抒发，声乐与器乐逐渐分离并独立发展，五线谱也已得到完善。文艺复兴之后，巴洛克音乐开始兴起。巴洛克音乐极尽奢华，节奏强烈、短促而极富律动感，旋律精致，极大地迎合了当时上流贵族的社交所需，巴赫就是这一时期极具代表性的音乐家。

古典主义时期的音乐结构更明晰、方整，体裁更加经典，海顿、莫扎特和贝多芬就是3位古典主义音乐大师，他们的音乐作品和音乐风格被称为近代欧洲音乐艺术的"经典"。浪漫主义音乐是对古典主义音乐的延续和发展。贝多芬是古典主义音乐的集大成者，也是浪漫主义音乐的先行者。浪漫主义音乐突破了古典主义音乐均衡完整的形式结构，更自由、主观。舒伯特、肖邦、李斯特、柴可夫斯基就是浪漫主义音乐的代表。

进入20世纪后，西方音乐迎来了一个新纪元，这一时期音乐门派繁多、风格多样，及至今日，音乐风格仍旧百花齐放、各领风骚，音乐不再为某一个或几个群体服务，而成为大众共同的"语言"和精神食粮。

3. 中西方音乐的差异

音乐如同语言一样，是文化的延伸，不同民族、不同文化、不同地域的音乐往往具有不同的风格与特点。

我国古代将乐器按"八音"分类，"八音"即我国早期按乐器制造材料进行的分类。《周礼·春官》记载"八音"为"金（如钟）、石、土（如埙）、革（如鼓）、丝（如琴、瑟、二胡、琵琶）、木、匏（如笙）、竹（如箫、笛）"8类。这些材料大多取自自然，未经标准化，因而清新质朴并兼具意境。而西方乐器则以金属和木料为主要制造材料，且为了获得音色上的共性，尽量采用标准化材料，减少器体参与发声，这就使得中西方音乐出现了较大差异。

我国传统音乐如同书法、绘画一样，乐曲似线，追求线条的艺术，注重气息，力求和谐、幽美、深沉、旷达。而西方音乐则偏爱和声，讲究节奏、气势，注重表现盛大场面。

我国音乐偏重心理，追求空灵、虚境、中和，先感受万物造化的天籁之音，再赋之于丝竹管弦。一如古典民曲《春江花月夜》，乐曲通过质朴的旋律和细腻的配器，丝丝入扣地表现出江楼钟鼓、月上东山、风回曲水、花影层叠、水深云际、渔歌唱晚、回澜拍岸、桡鸣远濑、欸乃归舟等唯美意境，全曲以水墨画的笔触勾勒出月夜春江的迷人景色，描绘出江南水乡的风姿异态，清丽淡雅、引人入胜。

西方音乐则形式严谨，追求力度与强度，情绪高昂，气魄宏大，声势壮美，突出人的情感力量。正如《命运交响曲》，激扬之音破空而来，点燃人内心抗争的欲望，激励人摆脱绝望，走出困境，改变命运。中西方音乐的差异正是音乐的民族性的体现，也反映在不同文化熏陶之下的人所产生的审美差异。

二、音符在时间上的流动

音乐艺术是"通过有组织的乐音在时间上的流动来创造艺术形象，传达思想感情，表现生活感受的一种表现性时间艺术"（《艺术鉴赏学导论》），"时间上的流动"说明音乐并非像绘画、雕塑等"定格"的艺术，而是让音符随着时间流动，带给听者在一段时间内不断变化发展的听觉体验。

音乐在时间里展开，在时间里流动，随着时间的延续而不断呈现、发展、结束。因此我们聆听一首乐曲，只有等待最后一个音符落下，才能获得对这首乐曲完整的感受。如果只听乐曲中的个别片段，则不能获得完整的感受。

二胡名曲《赛马》，气势磅礴、气氛热烈、旋律奔放，人们只有聆听全曲，才能感受到骏马的激越驰骋、草原的辽阔美丽和牧民们的喜悦心情。人们品味该乐曲的细节，又能从乐曲声调的起伏中感受到骏马身体的起伏和四蹄交替蹬踏的节奏，到乐曲最后一个音符落下，再与骏马一起"尽兴而归"。

三、抽象朦胧的情感表达

音乐，是一种长于抒情的艺术形式。《礼记·乐记》云："凡音之起，由人心生也。人心之动，物使之然也。感于物而动，故形于声。"意指任何音乐都是情感的外发。黑格尔也认为："音乐是心情的艺术。"

音乐可以对人的生理、心理产生刺激，对人的感情激发有非常直接和强烈的作用。但音乐在情感表达上却是抽象朦胧的。声乐尚可通过歌词进行直观表达，而器乐则只能借助于抽象的象征手段。如小提琴协奏曲《梁山伯与祝英台》中《楼台会》一段，小提琴独奏象征了祝英台，大提琴独奏象征了梁山伯，大、小提琴琴音相和、缠绵悱恻、如泣如诉，生动形象地表现出梁祝二人的缠绵爱恋之情。

正是这种抽象朦胧的情感表达，赋予了音乐超越语言、超越时代、超越文化界限的艺术魅力。意大利歌剧作曲家普契尼便被我国传统民歌《茉莉花》深深打动，在其代表作歌剧《图兰朵》中，便加入了改编自《茉莉花》的歌曲。虽然地域相隔，文化迥异，但这并没有阻碍不同民族、不同语言环境的人欣赏音乐、品味音乐。

四、"千人千面"的解读与演绎

正如"一千个人眼里有一千个哈姆雷特"，千万种美妙的声音也有千万种解读与演绎。一首乐曲从第一个音符流淌出来开始，听者就跟随音符的流动走进了独属于自己的想象空间。

节奏的快慢、音调的高低、音强的大小、旋律的起伏、节拍和回环复沓、乐器和人声的搭配，使听者在心中建立起独特的听觉意象，听者便随着乐曲的高低强弱、疾徐浓淡，领悟音乐的语言。甲听来山明水秀、繁花似锦，乙听来花前月下、情人私语。正所谓"作者不必有此意，而读者未尝不可作如是想"，这就是音乐赋予人们的想象空间。

一如欣赏旋律优美、朗朗上口的《茉莉花》，在江南的小桥流水边听会觉得婉转含蓄，让人想到青年男女在春风里羞涩一笑；在西北的大漠风沙中听则会觉得旷远幽凉，让人想到离乡的姑娘在眺望故土的花园。

任务四　品味舞蹈之美：从风回绮袖

《毛诗序》云："情动于中而行于言，言之不足故嗟叹之，嗟叹之不足故咏歌之，咏歌之不足，不知手之舞之，足之蹈之也。"当言、嗟叹、咏歌都不足以表达情感时，人们便要舞蹈。舞蹈之美是不言之美，舞蹈展示生命的律动，追求生命的灵性，充满蕴藉的情感，也富有诗情画意的意境。我们可以沿着历史的脚步，去感受舞蹈在不同时代的美好，再回归当下，细细品味舞蹈蕴藏的形、律、情。

一、舞蹈艺术：流动的雕塑

舞蹈是最早出现的艺术形式之一，也是一种流动的动态造型艺术。数万年前，懵懂的古人尚且没有语言和文字，就已经学会用肢体歌颂自然，描摹万物风姿，诠释生命情调。在漫漫岁月中，这种简单的肢体描摹逐渐变化，从模仿到新创，从民间到宫廷，从田间到舞台，扎根于本土，又迁徙于他乡，不同风格的舞蹈融合交汇、相生相成，终成今天这百花齐放的舞蹈艺术文化。

1. 中国传统舞蹈

远古时代，武舞融一，舞蹈同狩猎、劳动和战争等联系在一起。《山海经·海外西经》中记载了上古时代"刑天舞干戚"的故事，刑天与黄帝大战，帝断其首，刑天仍操干戚（盾与武器）以舞。我国青海省大通县曾出土一个5000年前的陶盆，陶盆上面描绘了新石器时代的先民们手牵手、整齐踏舞的祭祀场景。

周朝，图腾舞和祭祀舞开始具备作为艺术的舞蹈的架构，统治者将传统乐舞和当时新创制的乐舞进行加工整理，形成了气势恢宏的"六代乐舞"。"六代乐舞"整理、继承和发展了从原始时代到西周初期的那些歌颂杰出的氏族或氏族联盟首领的代表性乐舞。"六代乐舞"是古代乐舞的正统，其内容包括黄帝时期的"云门"（祭祀天神）、唐尧时期的"大章"（祭祀地神）、虞舜时期的"大韶"（祭祀日月星海四方神）、夏禹时期的"大夏"（祭祀山川）、商汤时期的"大镬"（祭祀先妣，即女性祖先）以及周朝的"大武"（歌颂周武王伐纣的乐舞，祭祀先祖）。其中，前4种属文舞，后2种属武舞，所谓"文以昭德""武以象功"，即乐舞可起到表现一个国家的文化和武功的作用。"六代乐舞"由大司乐掌管，主要用于教育贵族子弟，他们一般要到加冠成为成年人时才能学习。

春秋战国时期，表演性的舞蹈已经十分成熟，楚国宫中舞蹈就颇负盛名。楚舞袅袅婷婷，如浮云，似流水，轻盈飘逸，曼妙柔美。

汉代独尊儒术，因此受周朝雅乐熏陶的庙堂乐舞十分流行。与此同时，汉代的世俗乐舞也得到了极大的发展，举国上下出现了"鸣竽调瑟，郑舞赵讴"的歌舞热潮。汉代还出现了许多著名的舞蹈人物。汉高祖宠爱的戚夫人，不仅会鼓琴、唱歌，更精于舞蹈，擅长"翘袖折腰之舞"；汉武帝宠爱的李夫人，出身歌舞世家，妙丽善舞；汉成帝的皇后赵飞燕，"身轻若燕，能作掌上舞"。

视频：汉舞之美——《七盘舞》复编

东汉盘鼓舞

盘鼓舞，是汉代最负盛名的舞蹈。表演时，先在地上摆好盘、鼓，舞者将脚踏在鼓上或盘上从容起舞，长袖轻盈、步伐矫健、舞姿各异，和着咚咚鼓声，构成一种特殊的舞蹈节奏。其中，有鼓无盘的名《鼓舞》，七盘一鼓或二鼓的叫《七盘舞》。

魏晋南北朝时期，由于少数民族文化的融入，我国舞蹈有了新的发展。这一时期，胡舞和宗教舞蹈极为繁荣，其中最为我们所熟知的就是敦煌壁画所描绘的飞天舞。飞天舞舞蹈造型丰富多彩，舞姿千变万化，属敦煌舞中古典舞的分支。此外，清商乐舞也是魏晋南北朝时期流行的乐舞，其中白纻舞较为著名，因舞者穿着白纻制成的舞衣故而有此名。表演白纻舞的舞者穿着"质如轻云色如银"的舞服，长袖翻飞，时而高举，时而徐转，时而飞舞，时而掩面，轻盈柔曼，袅袅婷婷。

视频：清商乐舞——《白纻舞·在水一方》欣赏

唐代是我国舞蹈艺术光芒四射的时代，唐时舞蹈风格各异，种类繁多，有刚柔并济的剑器舞，有慷慨激昂的破阵舞，有宛然缥缈的霓裳羽衣舞，有欢快矫健的胡旋舞，有娟秀典雅的六幺舞（又称绿腰舞），有明快婀娜的拓枝舞。各类舞蹈如百花争艳，或英姿飒爽，或轻盈袅娜，或气势磅礴，各领风骚。按照风格特色的不同，唐人把流传在宫廷、豪门和民间的舞蹈分为健舞和软舞两大类，其中健舞如胡旋舞、拓枝舞，动作矫健，节奏明快；软舞如六幺舞，优美婉柔，节奏舒缓。

视频：《韩熙载夜宴图》中的六幺舞

为了对各种乐舞、乐器等进行规范和整理，唐代还设置了太常寺等乐舞管理机构，在宫内设内教坊，在京城设立左右教坊，负责乐舞的训练和演出。唐玄宗还专门为自己设立了用于排练和歌舞演出的场所——"梨园"。

《韩熙载夜宴图》（局部），顾闳中（五代）（宋摹本）

全图共分为5个段落，第2段为"观舞"，描绘众人观看王屋山跳六幺舞的场景。六幺舞为女子独舞，"以手袖为容，踏足为节"，节奏由慢到快，舞姿优美婉柔，轻盈翩然。

《胡旋舞乐图》莫高窟220窟，初唐

胡旋舞经西域传入中原，节拍鲜明，奔腾欢快，多旋转蹬踏，故得此名。胡旋舞以轻盈、快速的连续旋转为特点，大多都是在叫作"舞筵"的小圆毯子上旋转蹬踏的。

宋代，舞蹈风格趋于娇柔、轻曼、缠绵、婉转。宋代大兴乐舞，宋代大曲继承了唐代的大曲，并加以发展，宋代宫廷中也重新出现歌舞大曲。宋代大曲的基本结构与唐代大曲相似，但在队伍组织、演出方式等方面都有不少的革新，如宋代大曲演出以队舞为基本方式。宋代宫廷队舞的设计安排极为精巧，演出程序有一定格式。宫廷队舞喜欢表现故事情节，规模宏大，多姿多彩。与庄严肃穆的宫廷队舞相比，宋代的民间舞蹈也是异彩纷呈。宋代的民间"舞队"在元宵节和迎神赛会中的歌舞技艺表演被称为"社火"，融角抵百戏、民间武术等形式于一体，这也为元代杂剧的兴起开辟了道路。

《佳人剪牡丹》

《佳人剪牡丹》是宋代宫廷队舞中的重要节目。《宋史·乐志》中便有"衣红生色砌衣，戴金冠，剪牡丹花"的记载。这个节目传到朝鲜后，变为"设牡丹花樽于盘，女伎十二人环立于樽边，各取樽花一枝，进退旋转而舞"（《进馔仪轨》）。

除本民族的歌舞外，元代宫廷还承袭了宋、金时的宫廷乐舞和民间乐舞。元代的宫廷舞蹈带有浓厚的宗教色彩，舞蹈演员由于多要扮演神佛鬼怪等，所以多戴面具，如孔雀明王面具、毗沙神面具、龙王面具，以及红发青面面具等，整个舞蹈充满着神秘的气氛。在元代丰富多彩的宫廷舞蹈中，以《十六天魔舞》最为著名。

明清时，汉族地区普遍有灯节或迎神赛会的歌舞活动，这种活动承袭了宋代以来"社火"的传统。但是，人们表演的技艺有所精进，表演的项目也不断创新。明清时，民间的"社火"节目很多，这些节目中有些属于杂技，而太平、旱船、小车、地秧歌、花钹、狮子、高跷、胯鼓等，都是流传至今的民间舞蹈。

明时，我国戏曲的发展也进入一个黄金时代，即"传奇"剧的大繁荣。明人演戏，也喜欢安插一些舞蹈场面。吴世美的《惊鸿记》中，就安排了梅妃跳《惊鸿舞》的情节。阮大铖在《春灯谜》中描写元宵节观灯的情景时，插入了对"社火"表演的描绘。

经过元明清各代艺人的千锤百炼，到清中叶乾隆年间，戏曲表演艺术逐步达到成熟。舞蹈越来越成为戏曲表演艺术的有机组成部分，成为表现人物、描写环境、表现主题思想不可或缺的艺术手段。凡是成功的戏曲演出，都要求演员具备扎实的舞蹈功底。昆曲《林冲夜奔》表现林冲"一心投水浒，回首望天朝"的矛盾心情时，演员一步一景，一步一唱，载歌载舞。

20世纪50年代后，为了表现当代的社会生活和时代的精神风貌，舞蹈家们对戏曲舞蹈、芭蕾、西方现代舞等舞种进行兼收并蓄，不拘一格地创作和表演，发展出当代舞这一中国舞蹈的重要舞种。当代舞在舞蹈形态、表现方法与风格等方面，存在多界面、多层面的丰富体系，流派风格繁多，但其仍然是中华人民追求鲜明艺术形象和丰富审美情趣的体现。

2. 西方经典舞蹈

　　古希腊时期，人们认为舞蹈是使人身心和谐的艺术，优秀的舞者也会是优秀的战士。那时的人们崇尚人体的健美，因此舞蹈多表现男性的健美和力量。中世纪，舞蹈发展缓慢，教会禁止舞蹈，但平民为了自娱，也会跳一些简单、缓慢的列队舞和圆圈舞，以庆祝节日。

　　文艺复兴时期，欧洲艺术和文化繁荣发展，舞蹈的发展也进入新纪元，宫廷舞和民间舞逐渐出现。这一时期，欧洲宫廷将舞蹈作为"生活必需品"，贵族则将舞蹈作为娱乐和社交的手段，加里亚德舞、小步舞先后流行于18世纪后期，华尔兹风行于宫廷。同时，被称作"席间芭蕾"的宴会舞蹈也在这一时期出现，为未来的芭蕾的发展奠定了基础。1581年，第一部芭蕾舞剧《皇后的喜剧芭蕾》的上演，第一次把舞蹈、音乐和朗诵融为一体，标志着西方芭蕾的真正确立。这一时期的民间舞蹈也展现出旺盛的生命力，人们用热情的舞蹈庆祝胜利或丰收，或者传情达意，互诉衷肠。在古老的民间舞蹈的基础上发展演变的交谊舞也成为欧洲各国一种普遍的社交活动。

《农民的舞蹈》局部，彼得·勃鲁盖尔

该画描绘了一群农民在乡村的空地上跳舞的情景，他们饱经风霜，又憨厚乐观，他们的舞蹈动作幅度大，这使他们显得淳朴、热情。

　　巴洛克时期是西方舞蹈最为奢华繁复的时期，华丽的舞台效果、宏伟的舞台布景，让舞蹈形式、表现技巧等都得到了极大的发展。古典主义时期，人们对舞蹈的表现形式进行了简化，芭蕾、歌剧中的舞剧等也开始发展和盛行。浪漫主义时期，浪漫主义芭蕾发端，在芭蕾艺术史上谱写了辉煌的篇章，这一时期的芭蕾进行了大量改革，在艺术表现上也富于抒情色彩和想象成分。现代主义时期，为了反对欧洲古典芭蕾脱离社会生活、单纯追求技巧的形式主义倾向，人们开始追求舞蹈的自由性和个性化，追求以合乎自然运动法则的舞蹈动作自由地抒发情感，并大胆尝试新的舞蹈形式和表现技巧，开创了很多具有现代特色的新舞蹈。

视频：芭蕾——
《天鹅湖》欣赏

二、自如的形体

在从古至今的舞蹈中，人们对于形体都十分重视。舞蹈是形体的动态表现，需要通过舞者的形体动作来传情达意，因此舞者在表演中呈现出的形体美，是人们欣赏舞蹈的根本。而要充分展示静止或流动着的形体美，恰如其分地完成舞蹈动作，舞者就需要对自己的身体控制自如。

在以舞绘画的《只此青绿》中，最为人所称道的动作便是"青绿腰"，舞者荡开长袖，上身后躺，与地面近乎平行，整个人仿佛飘在半空。完成这样具有超高难度的舞蹈动作，需要舞者腰背部、腹部、臀股部几乎所有肌群的参与，舞者既要有充分的柔韧度，还要有很好的控制力。舞者在场下练数年苦功，方才能在舞台上"举重若轻"，呈现飘逸轻盈的姿态。

视频：中国舞——《只此青绿》欣赏

《只此青绿》中的"青绿腰"

《只此青绿》用舞蹈的形式描绘青绿山水画的巅峰之作《千里江山图》，舞者做"青绿腰"这一动作，是为了表现《千里江山图》中山峰的险要陡峻。

在流行街舞中，有一种名为"锁舞"（locking）的舞种，这种舞蹈需要舞者在一个迅捷的运动中凝固不动，做出特定姿势，短暂保持后又继续动作，充满美感和力量感。这样突然定格、迅速动作的舞蹈方式给人强烈的视觉震撼，同样要求舞者对自己的身体具有较强的控制力。

三、跳动的节奏

舞蹈与音乐总是相伴出现，音乐有节奏，舞蹈同样需要节奏。

节奏是舞蹈和音乐结合的基础，音乐的节奏是音的长短强弱，作用于听觉；而舞蹈的节奏是舞蹈动作的强弱、快慢、幅度，作用于视觉。当听觉上的节奏变化和视觉上的节奏变化相呼应，舞蹈就具备了韵律化的节奏美。

我国北方民间普遍流行的"秧歌舞"，包括陕北秧歌、东北秧歌、山东鼓子秧歌等，这些秧歌舞步、舞姿各异，乐曲也各具特色，但其节奏和乐句的重复规律是一致的。随着舞步有规律地重复，节奏逐渐强化，舞者的情绪也随之激昂起来，"扭秧歌"的"热闹劲"便由此而生。

西方的踢踏舞（tap dance）同样是节奏感十分强烈的舞蹈，踢踏舞几乎没有全身性的动作，而是着重趾尖与脚跟的打击节奏与技巧。在世界著名的踢踏舞剧《大河之舞》中，我们可以领略到舞者清脆整齐的踢踏击地声，这种击地动作贯穿整个舞蹈，并且与配乐的旋律相统一，是舞蹈中最显著的节奏，也成为整个舞蹈中最具表现力的部分。

四、象征与虚拟

舞蹈起源于人类对万物的认知和模仿，所以无论何种舞蹈，总是基于对万物的虚拟和联想，如傣族舞蹈以手、肩、腰的灵活摆动来模拟孔雀的姿态，蒙古族舞蹈以肩、背、臂的有力动作来模拟牛羊的姿态。人们从自己的生活中取材，将其高度概括、提炼、加工后，便形成了固定的舞蹈动作，舞姿受到情感逻辑的统帅，既不片面追求形式美，也并非机械地模仿生活，而是使形式与内容相统一，形成一种实中见虚、虚中有实的运动形式，从而赋予舞蹈具有高度象征意味的虚拟美。

舞蹈《丰收歌》便以黄色纱绸的舞动，象征稻浪翻滚，表达农民对丰收的喜悦。这种虚拟与象征以生活为基础，是对生活本质的凝练，因而能够被广大观众自然地理解，构成舞蹈表现力的一部分。

视频：《丰收歌》欣赏

五、超越语言的抒情

歌以咏志，舞以宣情，舞蹈是人类情感最集中、最激动时的表现形式之一。通过舞蹈的形体动作、节奏和模拟性的表演，观众最终能够了解舞蹈塑造的形象、传递的精神内涵，把握其情感律动，进而产生情感共鸣。

芭蕾舞剧《敦煌》以芭蕾的形式，融合了戏曲、武术等我国文化元素，讲述了为敦煌、为敦煌艺术而坚守与奉献的"敦煌人"的故事。一时间，观众仿佛穿越时间和空间，亲历敦煌千年历程，一幅幅浓墨重彩的壁画展现在眼前。

千年前的画僧呕心沥血绘制壁画，千年后的青年吴铭舍生忘死地保护文化遗产。曼妙的"飞天"走出壁画，以舞蹈演绎出壁画中摇曳生姿的绝美姿态，也勾连起古今两个时空。透过现场的表演，观众得以受到精神的感召，领会莫高窟的辉煌艺术，品味千年文明与戈壁大漠中孕育的坚守与奉献精神。

《敦煌》剧照

舞剧中的"椅子舞"，一把把椅子象征敦煌三危山下的守护者墓碑，该舞剧以此表现前辈们用生命拥抱大漠敦煌、用坚守换来敦煌奇境，这种不同于语言的舞蹈表现可以引起观众的情感共鸣。

任务五　寻索建筑之美：西北有高楼

相传，古希腊神话中的音乐之神俄耳甫斯有一把七弦琴，他的琴声能让人陶醉，让兽俯首，木石也随着他的音乐的节奏和旋律规律地搭建成各种建筑。因此，一位哲学家称"建筑是凝固的音乐"。建筑是人类智慧与文明的结晶，无论是在城市、乡野，还是在高山之巅、大海之滨，只要是有人类活动的地方，建筑无不闪烁着璀璨之光，点缀着人类文明。我们不妨跟随建筑的演变，去感受建筑之美，去品味建筑这一"凝固的音乐""立体的画""无形的诗"。

一、建筑艺术：凝固的音乐

人类居所的历史十分漫长。远古先民择穴而居，游牧者逐水草而居，农耕者建屋而居。从山顶洞穴、兽皮帐篷，到土窑石窟、瓦房砖墙，再到如今的钢筋铁墙、高楼大厦，人类一直在寻求更好的居住环境，以安放身体，同时也愉悦心灵。

1. 中国传统建筑

《易经·系辞下》记载："上古穴居而野处，后世圣人易之以宫室，上栋下宇，以待风雨。"意即上古时期，人们居于洞窟，生活在野外，后世的圣人们开始建造房屋，房屋上有栋梁，下有檐宇，以防风雪。"宫室"的出现，是人类建筑文明发展和进步的象征，说明人类从适应自然转变为改造自然。

河姆渡文明时期，远古先民发明了干栏式建筑。干栏式建筑多以竹、木为材料，分两层：上层住人，可纳凉、防潮、避毒虫禽兽；下层则圈养牲畜。这种建筑流行于长江中下游及其以南等湿热多雨的地区。此后，木成为我国传统建筑的主要材料。

殷商到两汉时期，人们信奉"神灵"，此时的文化也大多由"神话"引领，受这一思想的影响，建筑大多宏大、华丽、伟岸，特别是宫殿建筑，往往筑在大型夯土台基上，高大方正，给人崇高感和力量感。《阿房宫赋》中就描述秦朝阿房宫："覆压三百余里，隔离天日。"可见其沉雄奇伟，巍巍荡荡。这一时期，瓦、砖、斗拱、高台建筑相继出现，我国古代建筑的雏形慢慢形成。

魏晋南北朝到北宋，各种文化相互碰撞、交融，这一时期的建筑成就大多体现在宫殿和庙宇之上。建筑规模宏大，斗拱结构复杂，屋顶正脊出现了明显且优美的曲线，特别是起翘的翼角，舒展如鸟翼，乘风而扬，轻灵飘逸，人从屋檐下仰望，那翼角仿佛架在空中一般。这一时期，建筑色彩丰富，装修精美，建筑风格逐渐从宏大雄浑向细腻纤巧的方向发展。

金元到明清，"振翅欲飞"的屋顶逐渐收敛，变得稳重大气。这一时期，室内陈设更加丰富和艺术化，特别是明清时期，明代建筑气象宏伟、细节烦琐，清代建筑崇尚工巧华丽，善用琉璃瓦雕琢。这一时期，龙也逐渐变成建筑装饰的主题，不仅宫廷建筑多用龙纹，民间建筑上也有龙的形象。

干栏式建筑复原图

阿房宫想象复原图

起翘的翼角

琉璃瓦

2. 西方建筑的发展

如果说中国传统建筑富含文化的古老韵味，那么西方建筑则充斥着瑰丽的神秘色彩。公元前3000年，苏美尔人取泥土为材，建造了"苏美尔城邦"，这个由小村庄逐步发展为文明城市的建筑群，为西方建筑史拉开了序幕。

西方建筑以石为主要材料，追求宏伟壮观、气势恢宏的风格。古埃及的金字塔由巨大而沉重的石块砌成，庄重、肃穆，简洁的几何形体呈现出无限的生命力。古希腊的建筑有着巨大且雕刻精美的石柱，显得华丽、和谐、崇高，充满了独特的韵律感。古罗马时期的建筑同样雄伟、高耸，巨大的斗兽场、高大的凯旋门，都是古罗马建筑风格的典型例证。中世纪流行的建筑风格是对古罗马建筑风格的一种延续，也代表古希腊罗马建筑文化在与多文化融合后的复兴。这一时期的建筑重点从室外转向了室内，围墙和门窗依然高大，室内空间愈加高挑，内部装饰日趋奢华。特别是哥特式建筑出现以后，宽阔的空间、高远的穹顶、肃穆的氛围，又尖又高的屋顶高耸入云，人在其中显得如此渺小，这更映衬出建筑的神圣和崇高。

而随着人们的个人意识逐渐苏醒，建筑也转变成为人服务。特别是皇室成员们，不再追求神圣、崇高，而是追求华丽、舒适。17、18世纪，巴洛克风格在欧洲皇室的引领下流行开来，巴洛克建筑富丽堂皇、纹饰华丽、造型繁复、色彩强烈、雕刻精湛，追求自由奔放的格调。与巴洛克风格相比，之后出现的洛可可风格则以细腻柔媚、精致纤小为特点。

在商业大潮滚滚而来的现代，摩天大楼在世界各地耸立而起。摩天大楼摆脱了传统建筑形式的束缚，与工业化社会相适应，强调实用性和经济性，它本是商业社会节约资源、提高生产效率的产物，后逐渐发展为城市的象征，也成为一种新的建筑美学和建筑风格。

金字塔

帕特农神庙

巴洛克建筑

高楼大厦

二、精巧的结构与空间布局

柱、梁、板、屋架等构件共同组成了建筑，而构件的尺寸、间距等决定了建筑的内部空间，建筑的内部空间则直接影响着建筑的功能实现，人们的活动舒适度以及建筑的形象。

1. 建筑结构

在建筑结构上，我国传统建筑最为人津津乐道的就是斗拱。梁思成曾言："斗拱在中国建筑上的地位，犹柱饰之于希腊罗马建筑。"林徽因则评价斗拱"尽错综之美，穷技巧之变"。斗拱是我国建筑特有的一种结构，从2000多年前战国时期采桑猎壶上的建筑花纹图案，以及汉代保存下来的墓阙、壁画中，都可以看到早期斗拱的形象。

斗拱构造精巧，造型美观，如盆景，似花篮，既具有丰富的立体结构，又体现出复杂多变的几何美感，可荷载，可装饰，也有利于抗震，是古代工匠巧思善工的体现。故宫太和殿的650组斗拱，借助精巧的构造，将屋顶的压力合理分配到立柱上，因此仅用72根立柱就支撑起了巨大的屋顶。

2. 建筑空间布局

早在原始社会时期，人类对于建筑空间就有了科学的布局。我国传统建筑以木结构建筑为主，可以任意分割，室内空间极具协调性、灵活性、艺术性、实用性。山西省万荣县东岳庙内的飞云楼被誉为"中华第一木楼"，是我国古代最复杂的木结构建筑之一，也体现了我国古代建筑在空间布局上的奇思巧工，堪称登峰造极。

飞云楼斗拱密布，榫卯相接，结构科学，工艺精良。全楼明露3层，实为5层，2、3层各出抱厦一间，均设平台勾栏，结构巧妙，空间多变又规整，复杂的立面构图如同云朵簇拥、鲜花盛开，形成了此起彼伏、错落有致的艺术效果，其空间布局之精巧，实为罕见。

斗拱

飞云楼

三、华美的装饰与色彩

徽派建筑"粉墙黛瓦"，宫殿建筑"碧瓦飞甍"，色彩是建筑装饰的重要组成部分，在凸显建筑的功能和视觉效果上有重要作用。因此，对色彩的合理运用可使建筑装饰显得更有水准，使建筑的美也得到直观展现。

太和殿的脊兽

脊兽是中国传统建筑中常用的装饰构件，是放置在屋脊上的瓦制、琉璃制、木质兽形构件。脊兽的原型通常是中国神话传说中的瑞兽，用脊兽进行装饰代表着人们对于建筑和生活的美好期望，古时关于建筑等级有严格的数量规定，建筑级别越高，脊兽越多，常见的脊兽数量为3、5、7、9个不等，均为奇数。故宫太和殿作为等级最高的建筑，破例放置了10个脊兽，前有骑凤仙人领队，后有垂兽压阵，这成为太和殿屋脊上的独特风景。

正所谓"雕梁画栋"，雕刻和彩绘在我国传统建筑中也十分常见，徽派建筑素有"无宅不雕花"的美誉，如黟县承志堂，其正厅横梁、斗拱、花门、窗棂上都遍布木刻，雕工高明，设计精巧。而彩绘则常用于建筑横梁、斗拱、天花板处等，其题材则多是吉祥纹样、奇珍异兽、花鸟虫鱼等，有的彩绘还经过贴金、描金，颜色鲜艳、富丽堂皇，装饰性极佳。

山西开化寺大殿西壁当心间彩画复原图

西方建筑中，花窗玻璃是最重要的建筑装饰之一，五颜六色的玻璃形成繁复华丽的图案，日光照射玻璃，便可以造成灿烂夺目的效果，让人目眩神迷。著名的巴黎圣母院的玫瑰花窗面积巨大、设计繁复、色彩绚丽，视觉效果极为震撼，它是建筑装饰和色彩相结合的典型代表。

巴黎圣母院的玫瑰花窗

除此之外，西方建筑还多用壁画，梵蒂冈博物馆中就有大量壁画，这些伟大的艺术品是梵蒂冈建筑之美的显著标志。

四、深厚的文化与意境

建筑不只是物质产品，也是一种重要的精神产品，建筑师将展现建筑的精神属性视作建筑设计的目标之一，这样建筑往往就会具备深厚的文化韵味。

1. 建筑的文化

人们在建造建筑时，会自然地将当地的文化融入其中；人们在欣赏建筑时，也会不自觉地结合当地文化感受建筑之美。对于很多建筑，尤其是有一定历史的建筑来说，其文化属性已经成为其魅力不可或缺的组成部分。

我国传统建筑承载着千年的传统文化，故宫便是传统礼制文化的集中体现。故宫以乾清门前方为"外朝"，乾清门后方为"内廷"；左设太庙，右设社稷坛，这严格遵循了《周礼·考工记》对于帝王宫殿的规范。

2. 建筑的意境

建筑的意境是建筑的形象、周围环境、人居情景等综合呈现出的艺术境界。青城山建筑群的"幽"、剑门关的"险"、嘉峪关的"雄"都是建筑所呈现的意境美。

现代主义建筑大师贝聿铭在设计香山饭店时，就着力在一个现代化的建筑物上，体现出中华民族建筑艺术的精华，他将我国传统建筑设计理念融入现代化的建筑之中，使建筑与香山之景水乳交融、相得益彰，呈现出"虽由人作，宛自天开"的优美意境。

五、人、建筑、自然相和谐

人与建筑、建筑与自然之间有着密切的联系，实现人、建筑、自然的和谐是建筑艺术的重要命题。在梵净山金顶上，坐落着释迦殿、弥勒殿，两座大殿各占一个山头，中间由金刀峡隔开，两边由一座悬空的拱桥连接。大自然的鬼斧神工，造出了刀削斧凿般的梵净山绝壁；古人用智慧与勇气，在绝顶之上修筑了大殿和拱桥。建筑与自然的相得益彰，可谓将人、建筑、自然的关系道尽了。

我国古典园林在设计上认同自然、亲近自然，在建筑中着力引入自然之美，其中最典型的莫过于在建筑中布置假山。中国传统建筑中的假山名作通常是由建筑师选取天然奇石，以高超的技艺叠为假山，再加以草木装饰而形成的。江南四大名园中的狮子林保存着我国最大规模的古代假山群，狮子林假山以"透、漏、瘦、皱"的太湖石为原料堆叠，洞壑盘旋、气势磅

梵净山金顶

孤峰奇傲，绚丽壮观，景物相合，充分体现了人、建筑、自然的和谐。

磴，共有9条山路、21个洞口，人在其中漫步，真有"不识庐山真面目"之感。当代园林专家童俊便评述狮子林假山"盘环曲折、登降不遑，丘壑宛转，迷似回文"。仅仅千余平方米的假山群，便将山秀、丽、峻、怪、绝的种种姿态尽皆展现，可谓是"片山有致，寸石生情"。

我国传统建筑还特别看重人居环境的舒适，例如，传统建筑"坐北朝南"就是为了利于建筑在夏天接纳东南向的季风，降低室温，在冬天抵御北向的寒风，保暖御寒。《庐山草堂记》记载："堂西倚北崖右趾，以剖竹架空，引崖上泉，脉分线悬，自檐注砌，累累如贯珠，霏微如雨露，滴沥飘洒，随风远去。"这说的是白居易在江州建"山居"，借地利引山泉，使泉水在屋顶流淌。试想，于一个夏日的午后闲坐，涓涓细流在屋顶流淌，又滴滴答答落下屋檐，一阵轻风拂过，吹起一片飘洒的雨雾，将远处的风景渲染得越发隐约朦胧。此情此景，可谓达到了人、建筑、自然的高度和谐。

欣赏美

中国传统建筑中的对称与不对称

提到对称建筑，不得不说故宫。明清皇宫——故宫严格按照《周礼·考工记》中"左祖右社，面朝后市"的帝都营建原则建造，形象壮丽，格局严谨，体现了皇权的高贵与威严。除宫殿外，京都城市、坛庙、陵寝等，也大多采用对称的布局，这样的布局往往显得庄严雄伟、主次分明。

而提到不对称建筑，就要说到我国建筑的另一代表——园林。园林亲近山水、因地制宜，不讲求整齐对称，而是依照地理环境建造，将亭台轩榭融入流水山石之中，幽静与灵动兼具，一步一景，意蕴深远。

从建筑风格上看，对称建筑无疑是对儒家思想和文化的鲜明反映，儒家讲究人伦秩序，注重规矩方圆，因而崇尚对称工整的建筑。而不对称建筑则是对道家思想和文化的反映，道家主张自然无为，崇尚回归自然，因而追求自然山水、诗意情怀与建筑的和谐。

对称的宫殿

灵动的园林

感悟： 宫殿与园林，一整齐，一变化，一恢宏壮大，一精细巧妙，各有其美，是我国建筑风格的典型代表，也是我国传统文化与思想的象征。

⭐ 体验美

从《舞台上的中国》中探寻我国艺术的古今之美

艺术，是具有独特魅力的文化。

我国传统艺术源远流长、精彩纷呈，我国现代艺术承古启今、融合多元。当传统舞台艺术与当代表演的形式与内容相结合，我国艺术也将重新焕发出不竭的生命力。

观看《舞台上的中国》，感受《声乐》《乐器》《舞蹈》《戏剧》中带有独特中国文化符号的艺术之美，跟随艺术走入园林古镇、都市街头、草原田间，体会艺术蕴含的深厚文化，感受我国舞台艺术的强大魅力。

《舞台上的中国》（纪录片截图）

⭐ 创造美

创作心中的艺术作品

艺术是情感媒介，是对文化的传递，也是创造力和想象力的集中体现。欣赏艺术、创造艺术，不仅可以培养我们的观察、感知、思考和创造能力，还可以愉悦我们的身心，丰富我们的情感，促进文化的传承和交流。因此我们要感受艺术之美，表达艺术之美，并用自己的方式创造艺术之美。

1. 活动目的

欣赏艺术，感受艺术，主动发现艺术之美，体验艺术的魅力，并将自己对感情、生活、文化、思想的理解以艺术的形式进行呈现，从艺术审美中获得乐趣。

2. 活动形式

全班同学分小组活动，选择一个主题，分别创造自己喜欢的艺术作品。

各小组选择一种艺术表现形式——可以是歌曲、绘画、舞蹈、书法等，将自己对生活的理解、对情感的体验、对思想和文化的感悟等呈现出来。例如，分享一个喜欢的歌单（或编一首曲子）、收集整理出一本喜欢的"画册"（或绘制一幅画）、写一幅书法作品（或创新字体）、编排一段舞蹈、制作一个手工作品等，然后与同学们分享，说一说你呈现的"艺术"美在何处。

3. 活动要求

（1）请同学们积极参与活动，积极分享感悟。

（2）活动结束后，可总结心得体会，记录自己的活动收获。

项目五

品读文学美

《易经·系辞下》记载："上古结绳而治，后世圣人易之以书契。"上古先民用绳结记事，后来圣人用文字代替了绳结。文字改变了人们的记录方式，文学也自文字中孕育而生。因为文字，人们得以记录、理解万物造化的秘密。因为文学，人们的思想、情感、想象、境界得以传承。

千古江山，以文观之。文学新奇、浩瀚、壮丽、灿烂、神秘，我们只有亲自徜徉于文学之中，才能体会文学之美的千姿百态。

文学是人精神的食粮。

——茅盾

发现美

寻找春天里的文学

春天，草木萌发，蛰虫苏醒，生命萌动。这是一个美好的季节，而为了描绘这样美好的春天，古今文学大家们用掉了无数笔墨。

2000多年前，出征的武士这样描绘凯旋时的春日。

> 春日迟迟，卉木萋萋。
>
> 仓庚喈喈，采蘩祁祁。
>
> ——《出车》（节选）

春光明媚，阳光和煦，花草树木生机盎然，生长得多么繁茂。枝头的黄鹂鸟尽情歌唱，俊俏的姑娘正在悠闲地采撷香蒿。

1000多年前，唐代一位花间派词人这样描绘春日。

> 春日游，杏花吹满头。
>
> 陌上谁家年少，足风流。
>
> ——《思帝乡·春日游》（节选）

春日里，枝头的杏花开得繁盛，被风扬起，绚烂缤纷，落了春游人一身的馨香。原野小径上是谁家的少年啊，如此仪表堂堂，风度翩翩。

700多年前，元曲四大家之一的郑光祖这样描绘春日。

> 雨余梨雪开香玉，风和柳线摇新绿。
>
> 日融桃锦堆红树，烟迷苔色铺青褥。
>
> ——《塞鸿秋·雨余梨雪开香玉》（节选）

雨初停，如雪般可爱的梨花娇艳绽放，香气四溢。风儿微微，柳树摇曳着线一般的嫩绿枝条。日光熙融，烂漫如锦的桃花堆满了树枝。在迷漾的雾气里，碧苔给大地铺上了一层青毡。

200多年前，曹雪芹描绘宝玉梦游太虚幻境，吃的茶叫"千红一窟"，喝的酒叫"万艳同杯"，熏的香乃"群芳髓"，这都是与春天相关的意象。

舒婷赞美初春的杜鹃"如吹不灭的火苗，使天地温暖"。丰子恺认为："默察花柳的萌动，静观天地的回春，在精神上是最愉快的。"朱自清说："春天像刚落地的娃娃，从头到脚都是新的。"林语堂观察篱间阶上、窗前檐下，树上枝头，红苞绿叶，虽未见春之来临，却已知春到园中。

大地回春，天地清明。草木葳蕤，群花烂漫。

美好的春天在自然界中是循环重复的自然现象，而在文学家的笔墨下，却是饱满的诗，抒情的曲，是莺歌燕舞，是尺素锦书。

在文学里，我们饱览了春天的美好，这是春天的魅力，也是文学的魅力。

✦ 探索美

⚙ 探索目标

1. 饱览诗歌之美，品味深厚的诗歌文化。
2. 赏析散文之美，感受情感与文字的融合。
3. 品鉴小说之美，领略文字中的古今烟尘。
4. 吟味戏剧之美，体会文字里的腔调人生。

⚙ 美美与共

鉴赏不同的文学艺术作品，认识文学艺术之美，培养审美意识，提高自己的文学修养和审美素养。

任务一　饱览诗歌之美：笔落惊风雨

诗歌是用于歌唱和朗诵的文体，宋代文豪苏轼写的《水调歌头·明月几时有》，在今天被以歌曲的形式演唱出来，其结构、韵律所形成的"语言美"，使得诗歌和音乐一样，不仅具有节奏美，同时在情感表达上也无比强烈、动人。"诗圣"杜甫用"笔落惊风雨，诗成泣鬼神"来形容李白气势磅礴的诗歌，盛赞其强大的艺术魅力。那么，早期的诗歌究竟是如何出现的呢？它又是如何发展成独特的文化的？我们可以追溯诗歌的起源，探究诗歌的发展，感受诗歌中的情感、语言和意象，享受诗歌之美。

一、诗歌艺术：文明之歌

诗歌是"文学之母"，也是最早出现的文学体裁。在上古时期，人们就已经开始了诗歌的创作，经过几千年岁月，诗歌这一"语言的精华""思想的花朵""人性的灵光"依然在传承和发展，成为世界文明的瑰宝。

1. 中国诗

中国是一个诗的国度。上古时期或许还没有文字，但人们为了共同劳作、发表意见，开始了"歌"的创作。《淮南子·道应训》记载："今夫举大木者，前呼邪许，后亦应之，此举重劝力之歌也。"意指一群人在抬木头，前面的人呼喊着"邪许"的号子，后面的人跟着应和，"举重劝力之歌"就形成了。

最初的诗歌起源于劳动，流传于民间，后经过代代人口耳相传，才被后人用文字记录了下来。根据《礼记·乐记》记载："诗，言其志也；歌，咏其声也；舞，动其容也。三者本于心，然后乐器从之。"在诗歌发展的早期，诗用来歌唱，与乐舞一体，后慢慢发展，才独立成体。通常来说，人们以入乐与否来区分诗歌，入乐为歌，不入乐为诗。

3000年前，我国最早的一部诗歌总集——《诗经》在人们的劳作中萌芽。《诗经》又名《诗》或《诗三百》，共收录了西周初年至春秋中叶的诗歌305篇（6篇只有标题、没有内容的笙诗不计入内），包括民间歌谣、宴饮乐歌、祭祀乐歌等，其内容极为丰富，有用韵文书写周人历史的民族史诗，有反映恋爱和婚姻生活的婚恋诗，有揭露和嘲讽社会问题的讽喻诗，也有描写人民生产劳动的农事诗，以及描写战争和徭役的征役诗。它既是西周初年至春秋中叶这五六百年间社会生活的真实反映，也奠定了我国诗歌艺术创作的文化传统。

视频：《关雎》释义与朗诵

> 关关雎鸠，在河之洲。窈窕淑女，君子好逑。
>
> 参差荇菜，左右流之。窈窕淑女，寤寐求之。
>
> ——《关雎》（节选）

春秋中期，楚辞从南方的楚地诞生。楚辞采用楚地方言声韵写就，与《诗经》的"合乐歌唱"不同，楚辞"不歌而诵"，是我国浪漫主义文学的源头。楚辞多采用象征和比喻手法，多用叹词，情感表达激烈奔放，相传为屈原所创，西汉时，经刘向、王逸等人收集整理，被编成《楚辞》一书，楚辞遂成为此类作品的统称，屈原创作的《离骚》就是楚辞的代表作。

视频：《离骚》（节选）释义与朗诵

> 长太息以掩涕兮，哀民生之多艰。余虽好修姱以鞿羁兮，謇朝谇而夕替。
>
> 既替余以蕙纕兮，又申之以揽茞。亦余心之所善兮，虽九死其犹未悔。
>
> ——《离骚》（节选）

汉武帝时设乐府，收集大量民歌，乐府诗出现。汉乐府民歌通常使用"感于哀乐，缘事而发"（《汉书·艺文志》）的方式，保留了同《诗经》一脉相承的现实主义传统。魏晋南北朝时期，南朝乐府诗语言清丽婉媚，情韵悠远，细腻真挚地表达出江南人民缠绵的感情。如《西洲曲》中的"海水梦悠悠，君愁我亦愁。南风知我意，吹梦到西洲"，委婉地描写了一位少女对情人的追忆和思念。北朝乐府诗受北方各民族影响，内容上更显宽广、宏大，风格更为朴素、刚健。如长篇叙事诗《木兰诗》就塑造了一个代父从军、坚毅爱国的女英雄的形象。

视频：《木兰诗》释义与朗诵

> 万里赴戎机，关山度若飞。
>
> 朔气传金柝，寒光照铁衣。
>
> 将军百战死，壮士十年归。
>
> ——《木兰诗》（节选）

汉末建安时期，出现了一批继承汉乐府民歌的现实主义传统的诗人，如"三曹"（曹操与其子曹丕、曹植）、女诗人蔡琰（蔡文姬）。他们的诗歌普遍采用五言形式，着力反映现实，

风骨遒劲且具有慷慨悲凉的阳刚之气，这种独特的文学风格被后世称为"建安风骨"，这一"风骨"为我国古代诗歌树立了一种新的美学典范。如曹操《龟虽寿》中的"老骥伏枥，志在千里；烈士暮年，壮心不已"，曹操感慨人生苦短，却仍不放弃建功立业的政治理想。

> 神龟虽寿，犹有竟时；
>
> 腾蛇乘雾，终为土灰。
>
> 老骥伏枥，志在千里；
>
> 烈士暮年，壮心不已。
>
> ——《龟虽寿》（节选）

视频：《龟虽寿》释义与朗诵

东晋末年，向往恬淡田园生活的陶渊明创作了大量以田园生活为题材的诗歌，同一时期的谢灵运则长于创作描写山水的诗歌，田园、山水诗歌由此成为我国诗歌文化中璀璨的明星。

唐代是我国诗歌文化发展的黄金时代，大量杰出优秀的诗人将诗歌这一文体推向了历史巅峰。"初唐四杰"，盛唐的李白、杜甫，山水田园诗的代表王维、孟浩然，边塞诗的代表高适、岑参，中晚唐的韩愈、柳宗元、杜牧、李商隐等，各时期可谓人才辈出，风格流派众多。唐诗既豪迈、悲壮，也闲适、得意，律美，韵美，情也美。素有"孤篇盖全唐"之称的《春江花月夜》，四句一韵，咏之如歌唱，千百年传诵不衰。

> 春江潮水连海平，海上明月共潮生。
>
> 滟滟随波千万里，何处春江无月明。
>
> 江流宛转绕芳甸，月照花林皆似霰。
>
> 空里流霜不觉飞，汀上白沙看不见。
>
> ——《春江花月夜》（节选）

视频：《春江花月夜》（节选）释义与朗诵

北宋初期，诗歌的创作沿袭唐风。同时，另一种诗体——词，迅速发展起来。词是隋唐时期出现的一种配乐演唱的新诗体，它起源于民间，既适合歌唱又具有独立的艺术价值，也叫"曲子词"或"长短句"等。词在中唐以后开始为文人所创作，晚唐五代至宋代时期发展至鼎盛，与唐诗交相辉映，主要分为婉约派和豪放派。婉约派词作多写男欢女爱、离愁别绪，形式上以蕴藉雅正见长，语言清新秀丽，情感细腻精巧，代表人物包括晏殊、柳永、秦观、周邦彦、李清照等。豪放派词作在内容上较为丰富，对社会生活、政治风云、伤感离别、吊古怀今等均有涉及，并且大多表现得气势恢宏、不拘格律、汪洋恣肆、动人心魄，代表人物有苏轼、张孝祥、辛弃疾等。

> 老夫聊发少年狂，左牵黄，右擎苍，锦帽貂裘，千骑卷平冈。
>
> 为报倾城随太守，亲射虎，看孙郎。
>
> 酒酣胸胆尚开张，鬓微霜，又何妨？持节云中，何日遣冯唐？
>
> 会挽雕弓如满月，西北望，射天狼。
>
> ——《江城子·密州出猎》

视频：《江城子·密州出猎》释义与朗诵

元代历时较短，虽诗词不复前朝繁盛，但一种新的诗体——曲，却发展到鼎盛，与汉赋、唐诗、宋词、明清小说鼎足并举。一般来说，元曲包括元戏曲和散曲，戏曲有杂剧和南戏两个系统，散曲有小令和套数两种形式。元曲来自民间，取材于民间，也流传于民间，或诙谐风趣，或憨厚淳朴，或讥评时弊，或嘲讽鄙陋，通俗平易，雅俗共赏。

　　一声梧叶一声秋，一点芭蕉一点愁，三更归梦三更后。落灯花，棋未收，叹新丰孤馆人留。枕上十年事，江南二老忧，都到心头。

——《水仙子·夜雨》

视频：《水仙子·夜雨》
释义与朗诵

　　明代推崇儒学，称孔子为"至圣先师"，推行程朱理学，在文化思想领域掀起了复古的浪潮。复古运动和其所主张的"文必秦汉，诗必盛唐"导致了严重的抄袭现象产生，后世遂又出现反对复古的机械模仿、提倡抒写性灵的"公安派"和"竟陵派"，企图使诗坛出现新风。

　　清初，诗坛主流是"遗民诗"，清末发生"诗界革命"，革新了旧体诗的形式。词在元明时期走向了衰落，在清代又呈中兴气象——流派很多，包括豪放派、清新派、现实派等。梁启超所著的《清代学术概论》认为，清代诗文皆趋衰落，独词"驾元明而上"。著名词人纳兰性德，擅长小令，长于白描，以情取胜，是婉约派大家。

视频：《长相思·山一程》
释义与朗诵

　　山一程，水一程，身向榆关那畔行，夜深千帐灯。
　　风一更，雪一更，聒碎乡心梦不成，故园无此声。

——《长相思·山一程》

　　随着封建王朝的结束，中国古典诗歌的发展告一段落。五四文学革命让我国诗歌走入了新的历史时期，白话诗开始发展。白话诗是五四运动后出现的现代诗，主张打破旧诗格律，不拘字句长短。郭沫若、顾城、舒婷、海子等现代诗人登上诗坛，他们的诗歌自由、灵动，富有饱满的精神，反映出20世纪的现代诗百花齐放、异彩纷呈的局面。

　　骆驼，你沙漠的船，
　　你，有生命的山！
　　在黑暗中，
　　你昂头天外，
　　导引着旅行者
　　走向黎明的地平线。

——《骆驼》（节选）

视频：《骆驼》朗诵

　　从3000年前的远古社会到繁荣多元的当代社会，一代一代的诗人、词曲家们不断创造出辉煌璀璨的诗歌文明，这些文明既观照历史，又润泽后世，一字一调，一咏一叹，音韵铿锵，唱出了中华文化的昌盛繁荣。

2. 西方诗

古希腊、古罗马时期的诗歌是西方诗歌的源头和典范，这时的人民为了展现对英雄、神

灵、命运、荣誉、正义、爱情等主题的思考和赞美而创作了各种体裁、风格的诗歌，包括史诗、抒情诗、戏剧诗、讽刺诗、教训诗等。中世纪，宗教是文化的中心，诗人主要以赞美上帝为主来创作诗歌，同时赞美骑士精神的诗歌也屡见不鲜。文艺复兴以后，西方的诗歌表现出对人性、理性、美感等主题的探索和赞美，如但丁的《神曲》，莎士比亚的《十四行诗集》等。17世纪以后，各种诗歌流派陆续登场，理性主义、风格主义、情感主义、形式主义诗歌层出不穷。

诗歌是世界文明的重要组成部分，古代西方的诗人虽不懂中国的诗词格律，但他们同样在自己的笔下，将诗歌的结构和韵律演绎到了极致。如著名的"十四行诗"就是格律严谨的抒情诗体，其流传到西方各国后，产生了不同的变体，如英国莎士比亚所作的《十四行诗集》，每首诗14行，每行诗句有10个抑扬格音节，音韵优美。

二、情感的自然流露

诗歌之美，美在情感。《毛诗·大序》记载："诗者，志之所之也。在心为志，发言为诗。"人们将自己内心的想法和情感唱出来，就形成了最原始的诗歌。诗歌因情感而作，又以陶冶情趣为旨归。

《诗经·国风》的开篇之作《关雎》就直白地描绘了一位男青年爱慕一位采荇菜的姑娘，包含从倾心到相思的过程，语言简洁明快，感情热烈直率，被孔子评论为"乐而不淫，哀而不伤"，意指其既不过分欣喜得意，也不过于难过悲伤。唐代诗人杜牧的名句"商女不知亡国恨，隔江犹唱后庭花"表面上写秦淮歌女唱着"亡国之音"《玉树后庭花》，实际上却在表达自己的忧国情感。

诗歌的本质是抒情，陆机说"诗缘情而绮靡"（《文赋》），意指诗因情而显得绮丽，无情即无诗。无论这种情是潇洒豪放、炽热深沉、忧郁眷恋、决绝悲壮、热烈激昂，还是沉静详审，只要真挚、强烈、深刻，不虚妄伪饰、不矫揉造作，就可引起他人共鸣，令人心潮澎湃，这也正是诗歌魅力的根本所在。

三、语言的精练表达

诗歌的言简义丰、意境悠远，均得益于其语言。王维的诗被称作"诗画相生""诗中有画"。他的《竹里馆》短短20字，描绘了诗人月夜独坐竹林、弹琴长啸、与明月相伴的美好画面。全诗情景交融、有动有静、有虚有实、有声有色，言有尽而意无穷，这正是诗歌语言凝练而含蓄的鲜明写照。

> 独坐幽篁里，弹琴复长啸。
>
> 深林人不知，明月来相照。
>
> ——《竹里馆》

美国意象派诗人埃兹拉·庞德对东方诗歌兴趣浓厚，他受东方诗歌"意象和技法"的影响所创作的《在地铁车站》，短短两行，描绘出在灯光昏暗的车站，于拥挤人群中看到一张美丽脸庞的经历。黑压压的人群如幽灵，美丽的脸庞则似黑色枝头的花朵鲜嫩娇艳。这首诗用有限的语言表达了无限的韵味，激发读者的想象，被称作意象派诗歌的压卷之作。

> 人群中的几张脸如幽灵隐现，
>
> 湿漉漉的黑树枝上数片花瓣。
>
> ——《在地铁车站》

对于中国古典诗歌，特别是近体诗而言，仅仅做到语言凝练显然不够，还要做到节奏鲜明，韵律和谐。近体诗讲究格律，对句数、字数、平仄、对仗和押韵都有细致的要求。以七言律诗为例，这种诗规定全首八句四联，七字一句；押平声韵，一韵到底；对句相对，邻句相粘。杜甫的《登高》是七言律诗中的经典之作，平仄森严、韵脚统一，八句皆对，这样严格的韵律使得全诗结构规整、音韵谐畅，富于音韵美。

> 风急天高猿啸哀，渚清沙白鸟飞回。
>
> 无边落木萧萧下，不尽长江滚滚来。
>
> 万里悲秋常作客，百年多病独登台。
>
> 艰难苦恨繁霜鬓，潦倒新停浊酒杯。
>
> ——《登高》

四、意象的情景交融

诗人的主观情感为意，自然的客观事物为象，主观情感与客观事物相融，即为意象。

意象是诗歌的基础。我国古典诗歌在历代诗人的继承和发展中积淀了丰富的传统意象，这些意象具有深厚的象征意蕴，可以使诗歌的情感表达更含蓄，使诗歌的语言更形象。

元曲作家马致远所创作的《天净沙·秋思》，将枯藤、老树、昏鸦、小桥、流水、人家、古道、西风、瘦马、夕阳等多个意象组合，营造出凄清、萧瑟、衰败的秋日意境，传达出了"伤秋""悲秋"之感。

> 枯藤老树昏鸦，
>
> 小桥流水人家，
>
> 古道西风瘦马。
>
> 夕阳西下，断肠人在天涯。
>
> ——《天净沙·秋思》

自然意象是诗歌中常见的意象，花、鸟、春风、明月等都是自然意象，此外，还有民俗意象、神话意象、文化意象等。意象可以构成诗歌的意境，郑板桥咏竹时，虽只用到"竹"这一意象，但却营造出竹于风中坚毅刚强、傲然挺立的意境。张继写《枫桥夜泊》时，使用了月、乌、霜、天、枫、渔火、城、寺、钟等众多意象，营造出羁旅之人客卧小舟、幽冷孤寂、愁思缕缕的意境，引发读者的想象和感慨。

欣赏美

古诗词名句欣赏

自在飞花轻似梦，无边丝雨细如愁。	——秦观《浣溪沙·漠漠轻寒上小楼》
思悠悠，恨悠悠，恨到归时方始休。	——白居易《长相思·汴水流》
怕相思，已相思，轮到相思没处辞，眉间露一丝。	——俞彦《长相思·折花枝》
浮云一别后，流水十年间。	——韦应物《淮上喜会梁州故人》
春风得意马蹄疾，一日看尽长安花。	——孟郊《登科后》
落花人独立，微雨燕双飞。	——晏几道《临江仙·梦后楼台高锁》
君埋泉下泥销骨，我寄人间雪满头。	——白居易《梦微之》
黄沙百战穿金甲，不破楼兰终不还。	——王昌龄《从军行七首·其四》
桃李春风一杯酒，江湖夜雨十年灯。	——黄庭坚《寄黄几复》
醉卧沙场君莫笑，古来征战几人回？	——王翰《凉州词二首·其一》
大江东去，浪淘尽，千古风流人物。	——苏轼《念奴娇·赤壁怀古》

任务二　赏析散文之美：落笔如云烟

2000多年前的庄子写抟扶摇而上九万里的大鹏，1000年前的周敦颐写出淤泥而不染的莲花，数十年前的冰心写点亮山路和灵魂的小橘灯，千百年间，古今散文大家用散文写就了辉煌的笔下春秋。散文，有诗歌的意蕴，也有小说的语境，可写雪月风花，也可写金戈铁马。让我们沿着散文在时间长河里留下的墨迹，去欣赏和品味散文的饱满情感和优美语言，感受散文的自由灵动，享受散文之美。

一、散文艺术：自由之笔

在我国古代，押韵的文字被称为"韵文"，对仗的文字被称为"骈文"，而既不押韵也不对仗的文字，就是"散文"。散文没有格式的束缚，是最自由、最灵活的文学体裁。这样的体裁使创作者得以充分发挥自己的才能，创作出辉煌的作品。

1. 中国散文的历史

散文是十分灵活的一种文体，包罗万象，自由驳杂。我国古代散文选材范围广、体裁多，可谓异彩纷呈、蔚为大观。在古代，议论说明类散文称"说"，如《师说》《爱莲说》；上呈的奏议称"表"，如《出师表》《陈情表》；惜别赠与的文章称"赠序""序"，如《送东阳马生序》《滕王阁序》；记录历史事件和个人见闻的则是"杂记""记"，如《史记》《醉翁亭记》等。

先秦时期是我国古典散文创作的高峰时期，这一时期思想解放、百家争鸣，一大批锋芒四射的学者、圣人以文说理、论事，创作了大量流传千古的作品，如《论语》《孟子》《庄子》《墨子》《荀子》《韩非子》等结构严谨、文采飞扬，以说理、论辩为主，阐述各家学问的诸子散文，以及《国语》《春秋》《战国策》《左传》等叙事完整、人物刻画精细的历史散文。

视频：《庄子·逍遥游》
释义与欣赏

蜩与学鸠笑之曰："我决起而飞，抢榆枋而止，时则不至，而控于地而已矣，奚以之九万里而南为？"适莽苍者，三餐而反，腹犹果然；适百里者，宿春粮；适千里者，三月聚粮。之二虫又何知！

——《庄子·逍遥游》（节选）

两汉时期，政论散文和史传散文最为著名，政论散文以贾谊的《过秦论》为代表，史传散文则以司马迁的《史记》和班固的《汉书》为代表。司马迁发愤著述的《史记》，超越了前代史家"微言大义"的传统，被誉为"史家之绝唱，无韵之《离骚》"，为后代的传记文学树立了光辉典范。

项羽乃悉引兵渡河，皆沉船，破釜甑，烧庐舍，持三日粮，以示士卒必死，无一还心。

视频：《史记·项羽本纪》
（节选）释义与欣赏

——《史记·项羽本纪》（节选）

魏晋南北朝时期是我国文学的自觉时期，文学开始从经学、史学中脱离，并取得了独立的地位。这一时期的散文主要包括以"建安七子"为代表的建安散文和以"竹林七贤"为代表的正始散文。建安散文以曹操的成就较高，其文气魄宏大、辞藻优美、言辞恳切，不矜持，不造作，文字平易，内容又不失霸气。正始散文则以嵇康的成就较为突出，他的一系列说理文打破了传统的观念，表现出"长于辩难，文如剥茧，无不尽之意"（《中国中古文学史》）的特点。

西晋之后，士族文人垄断文坛，推崇讲究对偶平仄，注重使用典故和辞藻的骈文。齐梁时，文人尤其热衷于以骈文体现自己的文学素养和审美情趣，但由于士族文人远离社会生活、注重内心体验，骈文创作逐渐流于形式主义，文风日趋浮华。

唐代中期，韩愈、柳宗元主张"文道合一"，他们大力提倡先秦两汉时期的"古文"，反对两晋以来矫饰、空洞的骈文，掀起文学史上影响深远的文体革新活动，即著名的"古文运动"。北宋中期，欧阳修、王安石、苏轼等人强调散文"文以载道"的功用，提倡平易质朴的古文，并再度掀起"古文运动"。他们创作了大量脍炙人口的名篇，如欧阳修的《醉翁亭记》、王安石的《答司马谏议书》、苏轼的《石钟山记》等。

视频：《醉翁亭记》
释义与欣赏

若夫日出而林霏开，云归而岩穴暝，晦明变化者，山间之朝暮也。野芳发而幽香，佳木秀而繁阴，风霜高洁，水落而石出者，山间之四时也。朝而往，暮而归，四时之景不同，而乐亦无穷也。

——《醉翁亭记》（节选）

元代以后，戏曲、小说等通俗文学兴起，传统散文创作相对衰落。明晚期的小品文，由于其吸收了唐代散文的质朴和魏晋南北朝笔记文的隽永，因而显得别出心裁。其中，以张岱的《湖心亭看雪》《西湖七月半》等为代表作品。

清中叶的桐城派散文创作讲究"义法"："义"是指在散文内容中融入程朱理学等正统观念，"法"则是指在散文创作的技巧上学习先秦两汉时期的散文和唐宋时期的古文。桐城派散文虽洗尽骈文之铅华，但略显古朴平淡，代表作有方苞的《左忠毅公逸事》《先母行略》，姚鼐的《朱竹君先生传》《登泰山记》等。

五四运动后，白话文兴起，现代散文应运而生。现代散文是对古典散文的一次激烈"反叛"，它既继承了古典散文，如公安派的"独抒性灵，不拘格套"的精神，又凝聚着时代的思想，凝练精粹，论析透辟，开辟了一个崭新的时代。革命文学奠基者瞿秋白的文章形式多样、笔墨酣畅、文意深邃。革命先驱李大钊的文章凝聚着战士的敏感和诗人的激情，是觉醒的宣言。鲁迅将文章作为"匕首和投枪"，简短而犀利，蕴含着磅礴的情绪和力量。

惨象，已使我目不忍视了；流言，尤使我耳不忍闻。我还有什么话可说呢？我懂得衰亡民族之所以默无声息的缘由了。沉默呵，沉默呵！不在沉默中爆发，就在沉默中灭亡。

——《纪念刘和珍君》（节选）

几千年的悠久历史，孕育出这样自由、空灵、简约的散文。自然真实、独抒性灵、迤逦成章，这是散文的艺术，也是文学的魅力。

2. 西方散文的发展

古希腊、古罗马时期是西方散文的起源时期，柏拉图的《文艺对话集》和亚里士多德的《诗学》就是有关哲学和文艺评论的散文著作。古罗马继承了古希腊融历史于文学的特点，也诞生出《农业志》《历史》《编年史》等重要的散文著作。文艺复兴以后，西方散文迎来繁荣。《马可·波罗游记》是一部介绍东方文明的游记，开创了欧洲游记散文的先河。英国哲学家培根的《培根随笔》，收纳了政治、哲理、伦理、文艺等多种题材的散文作品，语言凝练，富有诗意。孟德斯鸠的《论法的精神》，简朴纯正，逻辑严密。卢梭的散文既思考社会，也赞美自然。浪漫主义作家雨果创作了300多万字的散文，包括政论、游记、日记、讲演、回忆录、纪念文章、杂文等，内容博大，形式自由，多姿多彩。

文艺复兴以后是西方散文发展的黄金时期，一代代文学巨匠不断涌现，浇灌着西方散文这一方沃土，为后世留下了无数精彩的文章。

二、题材广泛与形式自由

散文是自由的文体。散文题材广泛，无所不容，无论是天上地下之物，还是古今中外之事，都可以写进散文里。国家的兴衰变化，个人的言行举止，社会的发展轨迹，昨日之忧，今日之喜，都可以用散文来记录、来描绘。散文大家朱自清写5个儿女、写父亲的背影、写月色下的荷塘，也写航船中的文明，写情写景时追求清秀隽永，写社会问题时针砭时弊。

　　曲曲折折的荷塘上面，弥望的是田田的叶子。叶子出水很高，像亭亭的舞女的裙。层层的叶子中间，零星地点缀着些白花，有袅娜地开着的，有羞涩地打着朵儿的；正如一粒粒的明珠，又如碧天里的星星，又如刚出浴的美人。微风过处，送来缕缕清香，仿佛远处高楼上渺茫的歌声似的。

——《荷塘月色》（节选）

　　士大夫虽也擎着大旗拥护精神文明，但千虑不免一失，竟为那物质文明的孙儿，满身洋油气的小顽意儿骗得定定的，忍心害理的撇了那老相好。于是航船虽然照常行驶，而光彩已减少许多！

——《航船中的文明》（节选）

　　散文的题材是广泛的，散文的形式是自由的。散文能叙事、写景、抒情、议论，可洋洋数千言，也可寥寥几十字。散文不追求诗歌的精练和节奏，不追求小说的情节和结构，它只需要一种无处不在的"神"，来控制自由的文思，做到形散而神聚，即可成文。

三、内容的真实与深刻

　　散文写作不拘形式，但却要抒写真实。当代著名作家、诗人余光中就曾说："散文向来是写实的文体，跟诗、小说、戏剧等虚构的创作不同。"作家孙犁也在《致郑云云》中指出："我是老头脑，认为散文应该写得真实一些，即取材要真实，表现手法也要真实。"

　　散文的真实是人物、环境、事件、情感的真实。真实的事物反映真实的情感，表现真实的体验。因此，散文大家们都是在不断积累生活素材的基础上进行散文创作的，朱自清写《荷塘月色》，写的便是真景，再借由真景来委婉地抒发自己的思想情感。刘白羽写《长江三峡》，真实地描绘了三峡的瑰丽奇特和祖国山河的壮美，最后又借景抒发庄严的情感，寓情于景，表达主题。

　　除了真实以外，优秀的散文往往还要具备思想上的深度，即内容深刻。散文写世间万物、人生百态，也传递思想、表达观点。如毕淑敏的《风不能把阳光打败》，风和阳光并不是主体，而是引子，她借引子道出了一种独特的人文精神和自己对人生的种种思考。

　　一位心理学家主张大家从此废弃"但是"，改用"同时"。比如我们形容天气的时候，早先说：今天的太阳很好，但是风很大。今后说：今天的太阳很好，同时风很大。

　　最初看这两句话的时候，好像没有多大差别。你不要急，轻声地多念几遍，那分量和语气的韵味，就体会出来了。

　　但是风很大——会把人的注意力凝固在不利的因素上。觉得太阳好不是件值得高兴的事情，风大才是关键。借助了"但是"的威力，风把阳光打败。

——《风不能把阳光打败》（节选）

四、语言的流畅与灵动

　　散文的语言是散文风格与艺术性的体现，不同的作家往往有不同的语言风格，例如冰心的语言柔美隽丽，叶圣陶的语言清淡平实，徐志摩的语言繁复秾丽，余光中的语言雅致端丽。但不管是什么语言风格的散文，其行文都如流水一样舒畅、自然、活泼。

　　特别是在描述同一个物象时，诗歌的语言精练端正，旨在表达浓烈的情感；小说的语言生动写实，为故事中的人物和情节服务；而散文的语言则是清新自由的，既有主观联想，又有客观描述，像在诉说心声，也像在与人对话。下文分别列举了诗歌、小说、散文作品对春的描写。

春姑娘来了/你们谁知道/她是怎么来的/我知道/我知道！

——《春姑娘》（节选）

两岸多高山，山中多可以造纸的细竹，长年作深翠颜色，逼人眼目。近水人家多在桃杏花里，春天时只需注意，凡有桃花处必有人家，凡有人家处必可沽酒。

——《边城》（节选）

桃树、杏树、梨树，你不让我，我不让你，都开满了花赶趟儿。红的像火，粉的像霞，白的像雪。花里带着甜味儿，闭了眼，树上仿佛已经满是桃儿、杏儿、梨儿。花下成千成百的蜜蜂嗡嗡地闹着，大小的蝴蝶飞来飞去。

——《春》（节选）

任务三　品鉴小说之美：古今烟尘里

400多年前的一出"大闹天宫"，时至今日仍旧为人们所津津乐道。上至耄耋，下至垂髫，无一不对孙悟空这一角色喜爱有加。这些喜爱是源于情节的精彩，也是源于人物的典型，二者相合，构成了小说这一文学体裁的独特魅力。阅读小说，与其中的人物共情，就好似走入了另一个时空，开启了另一段人生，获得另一种情感交流与体验。我们不妨以古典小说为起点，探索小说在不同时代所展现的魅力，品味小说中的情节和人物，感受小说之美。

一、小说艺术：虚拟之象

当代作家叶兆言说："小说是虚构的艺术，是无中生有的功夫。"小说因虚构而精彩美丽，同时也以虚构传达文化、思想的真实。在虚构之上，塑造人物、描写情节，就构成小说于虚构中展现真实的独特艺术魅力。

1. 中国小说的历史

与诗歌、散文相比，我国的小说起步较晚。先秦诸子百家中有"小说家"一家。据班固《汉书·艺文志》载："小说家者流，盖出于稗官；街谈巷语，道听途说者之所造也。"意指小说家主要记录民间街谈巷语，并呈报上级，虽自成一家，但被视为不入流者。后历代文人皆强调"文以载道"，视通俗文学为难登大雅之堂的"末技"，因此疏于对小说进行创作、整理和记述。

魏晋南北朝是我国古代小说初具规模的时期，这一时期的小说数量较多，内容丰富，可分为志人小说和志怪小说两大类。志人小说主要记录人物的言行和逸闻琐事，如刘义庆的《世说新语》、邯郸淳的《笑林》等。志怪小说则主要谈鬼神和怪异事物，如干宝的《搜神记》、曹丕的《列异传》、张华的《博物志》、葛洪的《神仙传》、王嘉的《拾遗记》等。

赤松子者，神农时雨师也，服冰玉散，以教神农，能入火不烧。至昆仑山，常入西王母石室中，随风雨上下。炎帝少女追之，亦得仙，俱去。至高辛时，复为雨师，游人间。今之雨师本是焉。

——《搜神记》（节选）

志人小说和志怪小说大多采用史家的实录笔法，因而未能充分发挥作者的主观创造性。到了唐代，唐传奇产生，小说真正走向了自觉创作时期。正如鲁迅所言："小说亦如诗，至唐代而一变。"（《中国小说史略》）。唐传奇是唐代文人"作意好奇""幻设为文"的产物，因晚唐文学家裴铏将其小说集题为"传奇"而得名。唐传奇涉及婚恋、豪侠、历史、仕宦、神怪等多种题材，是作者进行的意识虚构，标志着中国古代小说达到了文体上的成熟。

唐贞元中，有张生者，性温茂，美风容，内秉坚孤，非礼不可入。或朋徒游宴，扰杂其间，他人皆汹汹拳拳，若将不及；张生容顺而已，终不能乱。

——《莺莺传》（节选）

随着城市经济的发展，市民阶层逐渐形成，勾栏、瓦肆等成了供市民娱乐的表演场所，其中最受欢迎的一种表演艺术即说话。说话这一民间艺术早在汉魏时期就出现了，到了宋元时期，说话渐趋成熟。据史料记载，当时的说话分为小说、讲史、说经和合生。除合生外，其余3种都以叙述故事为主，话本就是这些说话艺人的底本。宋元话本源于民间，是民间说话艺人的艺术成果，既具有口传文学的清新活泼，又继承和发扬了六朝志怪和唐传奇等多代小说的优良传统，标志着我国小说史上的一大变迁。

却说南宋时，建都临安，繁华富贵，不减那汴京故国。去那城中箭桥左侧，有个官人，姓刘名贵，字君荐，祖上原是有根基的人家，到得君荐手中，却是时乖运蹇。先前读书，后来看看不济，却去改业做生意。便是半路上出家的一般，买卖行中，一发不是本等伎俩，又把本钱消折去了。渐渐大房改换小房，赁得两三间房子，与同浑家王氏，年少齐眉。后因没有子嗣，娶下一个小娘子，姓陈，是陈卖糕的女儿，家中都呼为二姐。

——《错斩崔宁》（节选）

明清时期是古代小说的鼎盛时期，作品数量众多，有文言、有白话，有短篇、有长篇，题材众多，风格迥异。明代的白话小说成就高于文言小说，《三国演义》《水浒传》《西游记》《金瓶梅》这"四大奇书"基本上代表了我国古代小说的4种类型，它们分别是历史演义小说、英雄传奇小说、神魔小说和世情小说。清代小说的创作较明代更加繁盛，其在题材、体裁和写法上都比明代小说更丰富多样。蒲松龄的《聊斋志异》和曹雪芹的《红楼梦》均具有集大成式的高超的艺术技巧，标志着我国古代小说创作水平达到最高峰。

时巨鹿郡有兄弟三人，一名张角，一名张宝，一名张梁。那张角本是个不第秀才，因入山采药，遇一老人，碧眼童颜，手执藜杖，唤角至一洞中，以天书三卷授之，曰："此名《太平要术》，汝得之，当代天宣化，普救世人；若萌异心，必获恶报。"角拜问姓名。老人曰："吾乃南华老仙也。"言讫，化阵清风而去。角得此书，晓夜攻习，能呼风唤雨，号为"太平道人"。

——《三国演义》（节选）

　　五四运动后，以白话文为主的现代小说加快了发展步伐，问题小说、乡土小说、自叙传抒情小说等纷纷发展。冰心、叶圣陶、鲁迅、郁达夫、沈从文、老舍、巴金等小说家用新主题、新语言创造新人物、新风貌，也让近代小说走向繁荣。新中国成立以后，小说创作逐渐多元化，形成了风格各异的创作潮流，金庸、梁羽生的武侠小说，琼瑶的言情小说大受读者欢迎。陈忠实的《白鹿原》、余华的《活着》、刘震云的《一地鸡毛》连年畅销，莫言凭借《生死疲劳》《红高粱》《蛙》等作品，获得了诺贝尔文学奖。

　　一九三九年古历八月初九，我父亲这个土匪种十四岁多一点。他跟着后来名满天下的传奇英雄余占鳌的队伍去胶平公路伏击日本人的汽车队。奶奶披着夹袄，送他们到村头。余司令说："立住吧。"奶奶就立住了。奶奶对我父亲说："豆官，听你干爹的话。"父亲没吱声，他看着奶奶高大的身躯，嗅着奶奶的夹袄里散出的热烘烘的香味，突然感到凉气逼人，他打了一个冷战，肚子咕噜噜响了一阵。余司令拍了一下父亲的头，说："走，干儿。"

——《红高粱》（节选）

2. 西方小说的发展

　　与散文一样，西方的小说也是在文艺复兴以后才繁荣发展起来的。文艺复兴打破了教会对文学的限制，以描写现实生活中各阶层的人物为主要内容的人文主义小说慢慢出现。莎士比亚的"四大悲剧"（《哈姆雷特》《奥赛罗》《李尔王》《麦克白》），薄伽丘的《十日谈》，塞万提斯的《堂吉诃德》，拉伯雷的《巨人传》都是这一时期西方小说的典型代表。

　　18世纪，以宣传科学知识、启蒙大众意识为主要特点的启蒙主义小说出现，代表作品如歌德的《浮士德》、笛福的《鲁滨逊漂流记》、亨利的《弃儿汤姆·琼斯的历史》等。

　　19世纪，西方小说流派众多，浪漫主义小说、现实主义小说和批判现实主义小说轮番登上小说艺术的舞台。浪漫主义小说富于想象、构思奇特、语言奔放、感情炽烈，如雨果的《巴黎圣母院》、歌德的《少年维特之烦恼》等。现实主义小说则细节真实、形象典型、描写客观，多反映生活的本质，如狄更斯的《雾都孤儿》。批判现实主义小说着力于塑造典型环境中的典型人物，具有强烈的批判性，如巴尔扎克的《葛朗台》、莫泊桑的《漂亮朋友》、勃朗特的《呼啸山庄》、列夫·托尔斯泰的《战争与和平》等。

　　20世纪，现代主义小说一反古典主义、现实主义的传统，另辟蹊径，标新立异，对小说的题材表现、结构技巧、语言形式进行了一系列的试验和改革，创作出荒诞小说、黑色幽默小说等各种类型的小说作品，反映出这个时代的小说家独特的视角和心声。

二、人物形象鲜明

　　人物是小说的灵魂，塑造人物是小说家的首要任务。小说中生动鲜明的人物让读者能够通过文字聆听人物的声音，感受人物的悲欢，品味人物的生命力，这也是小说中的人物所具有的强大艺术魅力。

《红楼梦》塑造了众多人物，各个人物个性鲜明，没有雷同感。林黛玉生性孤傲、细腻敏感，薛宝钗举止娴雅、心思沉稳，王熙凤豪爽泼辣、颇具城府，史湘云豁达开朗、性情率真……《水浒传》中的主要人物有108个，各个个性特征清晰鲜明、生动形象。如同为性格"粗鲁"，鲁达的粗鲁是急，李逵的粗鲁是蛮，武松的粗鲁是豪，同样的性格特质，在不同人身上的表现也不同，从而塑造出各个独具特色的人物，可谓细致入微。

三、情节曲折完整

小说的艺术效果需要通过情节来呈现，情节的安排和设计决定了读者的阅读体验。欧·亨利往往会为小说安排"意料之外、情理之中"的情节作为结尾，就是为了通过情节的反转给人以深刻的印象，丰富文章的内容，深化文章的主题，增强文章的艺术魅力。

刘慈欣的《三体》被认为是我国最出色的科幻小说。他在写作该小说时，精心设计了各种或惊艳、或反常规、或壮阔的情节，尤其是其对于科学的浪漫遐想，使人读后酣畅淋漓、拍案叫绝。

在《三体Ⅲ·死神永生》中，"掩体纪元"技术高度发达的人类决定建造"地球文明博物馆"，想要将人类文明的信息保存10亿年。但工程启动后人类才发现量子存储器最多能把信息保存2000年，公元世纪的U盘和硬盘可以把信息保存5000年，特殊金属材料制造的光盘能把信息保存10万年，用特殊的合成纸张和油墨保存信息，在20万年后仍能阅读。但这就到头了。

如何是好？读到此处，所有读者的胃口都被吊了起来，为主角面临的困难皱眉，直到作者揭开谜底：

"……这是目前已知的唯一可行的方法，它就是——"罗辑把拐杖高举过头，白发长须舞动着，看上去像分开红海的摩西，庄严地喊道，"把字刻在石头上！"

…………

文明像一场五千年的狂奔，不断的进步推动着更快的进步，无数的奇迹催生出更大的奇迹，人类似乎拥有了神一般的力量……但最后发现，真正的力量在时间手里，留下脚印比创造世界更难，在这文明的尽头，他们也只能做远古的婴儿时代做过的事。

把字刻在石头上。

——《三体Ⅲ·死神永生》（节选）

四、环境具体充分

在小说中，要表现人与人之间的关系，烘托故事的起承转合，环境描写就必不可少。鲁迅写《祝福》，描绘了一个封闭落后的鲁镇，这让祥林嫂这个角色的形象和命运更加典型、真实，有据可依。曹雪芹写《红楼梦》，贾宝玉必然要生活在钟鸣鼎食、挥霍奢靡的大观园，才更桀骜叛逆、蔑视世俗。没有具体充分的环境描写，人物形象、故事情节就像是无根之木、无源之水，缺乏根据，流于表面。只有环境描写与人物、情节相得益彰，读者才能获得沉浸式的阅读体验。

任务四　吟味戏剧之美：人生戏一场

相传，上古时代的蚩尤头长犄角，性情残暴，祸害黎民，后败于黄帝之手，从此天下太平。为了庆贺胜利，人们就戴上头上有角、相貌凶恶的面具，做用角抵人的动作。后来每逢四时八节，人们都要进行这种游戏，原始戏剧——"蚩尤戏"逐渐形成。南朝梁任昉所作的《述异记·上》也记载："秦汉间说：蚩尤氏耳鬓如剑戟，头有角，与轩辕斗，以角抵人，人不能向。今冀州有乐，名'蚩尤戏'，其民两两三三，头戴牛角而相抵。汉造'角抵戏'，盖其遗制也。"意指秦汉时的"角抵戏"，是先秦时期"蚩尤戏"的遗制，可见原始戏剧的萌芽早在先秦时期就已出现。戏剧，起源于上古歌舞，壮大于文明长河。我们可以追溯戏剧的发展脚步，品味戏剧的独特艺术魅力，感受戏剧深厚的基础和悠久的底蕴。

一、戏剧艺术：生活的腔调

一位著名的导演曾说："戏剧就是删除了枯燥片段的生活。"将生活搬上舞台进行表演，以语言、动作、歌唱与观众对话，使观众身临其境般地感受故事的激烈、紧凑和冲突，这就是戏剧独特的艺术魅力。

1. 中国戏曲

戏剧是一门综合艺术，从广义上说，话剧、歌剧、舞剧，以及中国戏曲，都属于戏剧这一艺术范畴。中国戏曲是歌剧、舞剧、话剧的融合，是我国艺术文化中的瑰宝。从表演形式上看，早在商朝就有擅长歌舞表演的倡优，擅长滑稽逗乐的俳优，擅长吹打乐器的伶优。汉代的歌舞与杂耍，唐代的梨园，都是我国早期戏曲发展的重要产物。

南宋时，浙江温州一带兴起的温州杂剧又称作南戏，在元代迅速发展起来。元末明初，南戏逐步摆脱了"村坊小曲"的状态，成为完整的戏剧艺术，并出现了高明的《琵琶记》和并称为"荆、刘、拜、杀"的《荆钗记》《刘知远》《拜月亭记》《杀狗记》等著名作品。其中，《琵琶记》在艺术上取得的极大成就，大大提高了南戏的文学品位。徐渭的《南词叙录》称其"用清丽之词，一洗作者之陋，于是村坊小伎，进与古法部相参，卓乎不可及已"。

元代出现了把"大元乐府"与唐诗、宋词并称的现象。明清以后，人们就常说"唐诗""宋词""元曲"，这里所谓的"元曲"主要侧重于元杂剧。元代是中国戏曲发展的黄金时代，元杂剧则是其中的翘楚。

元杂剧在内容上继承和发展了宋代说话艺术"世间多少无穷事，历历从头说细微"（《醉翁谈录》）的写实精神，描摹了平淡自然的人情世态、逼真感人的悲欢离合和三教九流的人物形象，刻画了一幅幅真实而生动的社会生活画卷。

元杂剧根据不同的题材，可以分为社会剧、历史剧、爱情婚姻剧、宗教剧4种类型。社会剧是指直接以现实生活为题材或假借历史人物反映现实生活的元杂剧作品，如关汉卿的《窦娥冤》《蝴蝶梦》、李潜夫的《灰阑记》等。历史剧则以历代的军事、政治斗争或文人生活为题材，它们大多通过对历史事件的描绘和对历史人物形象的塑造，表现剧作家的时代精神。爱情婚姻剧极为出众，如关汉卿的《拜月亭》、王实甫的《西厢记》、白朴的《墙头马上》、郑光祖的《倩女离魂》等，都是典型的精品之作。宗教剧主要描写神仙显灵、度脱凡人，如马致远的《黄粱梦》、岳伯川的《铁拐李》、李寿卿的《度柳翠》、郑廷玉的《忍字记》等。

明清时期，戏曲继续发展。明清传奇成为继南戏和元杂剧之后新的戏曲艺术。明代的戏曲出现了不同的流派，如以汤显祖为代表的临川派、以沈璟为代表的吴江派等。汤显祖是明代杰出的戏曲作家之一，有"东方莎士比亚"之称。他的《牡丹亭》《紫钗记》《南柯记》《邯郸记》，因都有梦的情节而被称作"临川四梦"。其中，又以《牡丹亭》的思想最为深刻、艺术成就最为卓越，它是我国古代戏曲的杰出代表。清代初期，浙江杭州人洪昇的《长生殿》和山东曲阜人孔尚任的《桃花扇》，是清传奇中的两座高峰，也是戏曲艺术领域的不朽之作。

到了现代，受西方文化的冲击，戏曲在战火纷飞中元气大伤。新中国成立后，戏曲进入一个重建的新时代，昆曲和京剧等先后被联合国教科文组织列为非物质文化遗产，其艺术价值受到高度肯定。

戏曲是我国独特的戏剧艺术形式，具有悠久的历史和深厚的文化底蕴。党的二十大报告指出，要发展面向现代化、面向世界、面向未来的，民族的科学的大众的社会主义文化。新时代的戏曲是对中华优秀传统文化的传承，我们要推动其走向世界。

2. 西方戏剧

早在公元前5世纪的古希腊时期，西方就诞生了戏剧文明。"悲剧之父"埃斯库罗斯的"普罗米修斯三部曲"揭开了成熟悲剧戏剧艺术的序幕。文艺复兴时期的莎士比亚也是西方戏剧史上的传奇，他的"四大悲剧"《哈姆雷特》《李尔王》《奥赛罗》《麦克白》、悲喜剧《罗密欧与朱丽叶》、喜剧《威尼斯商人》等作品，在戏剧这一艺术领域有非凡的影响力。19世纪后，西方诞生了一大批戏剧作家，如契诃夫、萧伯纳、布莱希特等，他们不断推动西方戏剧的繁荣。20世纪，反传统的现代派戏剧崛起，各种象征主义戏剧、荒诞派戏剧盛行，《等待戈多》就是荒诞派戏剧中的杰出代表。

🌸 欣赏美

中国戏曲文化

唱念做打、檀板笙歌，中国戏曲之美，美在技，美在音，美在意蕴，也美在文化。

我国戏曲的历史十分悠久，《新唐书·礼乐志》载："玄宗既知音律，又酷爱法曲，选坐部伎子弟三百，教于梨园。声有误者，帝必觉而正之，号皇帝梨园弟子。"从此，戏曲界习称为梨园界或梨园行，戏曲演员称为梨园弟子。

清代时，戏曲已在我国"遍地开花"，四川的川剧、浙江的越剧、安徽的黄梅戏、广东的粤剧、河南的豫剧、西北的秦腔、山东的吕剧、福建的闽剧、湖北的汉剧、河北的评剧、江苏的昆剧等，这些剧种在语言、配乐、腔调上各具特色，生动有趣。而随着1790年"四大徽班"进京，一种兼具多种艺术特点的新式戏剧——京剧走上了历史的舞台。

早在杂剧兴盛时，戏曲中的角色就被分为各种行当，行当是中国戏曲特有的表演体制。各类剧种行当的数量不一，就京剧而言，角色有"生、旦、净、丑"4行。其中，生行包括须生（亦称老生，中年以上的剧中人，口戴胡子）、红生（勾红脸的须生，扮演关羽、赵匡胤等）、小生（剧中的年轻男性）、武生（戏中的武打角色）、娃娃生（儿童一类的角色）等。旦行全为女性角色，包括青衣（贤妻良母型角色）、花旦（性格开朗的妙龄女子角色）、武旦（女性武打角色）、老旦（中老年妇女角色）等。净行又称"花脸"，要扮演在性格、品质或相貌等方面具有突出特点的男性角色，又分唱工花脸（重唱功）、架子花脸（以工架、念白、表演为主）和武净（重武戏）。丑行是指扮相不俊美的角色，分为文丑、武丑两种，文丑是剧中各类诙谐角色，武丑则是擅长武艺、性格机警、语言幽默的男性角色。

中国戏曲的表演方法被概括为"四功五法"，既是演员表演的必备技能，也是观众欣赏表演、评判演出效果的切入点。"四功"者，唱、念、做、打："唱"即歌唱，讲究以情带声，依字行腔，字正腔圆；"念"即说台词，讲究吐字清晰，"快而不乱，慢而不断"；"做"是动作的程式化、舞蹈化的具体体现；"打"则是舞蹈化的武术动作。"五法"是指手、眼、身、步、法5种技法，"手"是手势，"眼"是眼神，"身"是身段，"步"是步态，而"法"是其他四者运用的规矩和方法。手、眼、身、步、法将对表演的要求细化到具体的身体部位，是对生活场景中人物动作的高度提炼，从而使得演员在台上的一举一动都能够体现角色的不同思想情感和心理活动，八形四态（富、贵、贫、贱、痴、疯、病、醉之外形，喜、怒、哀、惊之神态）都于台下一望可知。

二、尖锐激烈的戏剧冲突

没有冲突，就没有戏剧。黑格尔将"各种目的和性格的冲突"看作戏剧的"中心问题"。伏尔泰说："每一场戏必须表现一次争斗。"这无疑揭示了矛盾冲突在戏剧中的重要地位。

几乎所有的戏剧中，都有一个或几个"中心矛盾"。《罗密欧与朱丽叶》的中心矛盾是两大家族对于罗密欧与朱丽叶的爱情的反对；《赵氏孤儿》的中心矛盾是赵氏遗孤被仇人追杀；《威尼斯商人》的中心矛盾是既要按照契约执行，又要保全安东尼奥的生命。这些中心矛盾是戏剧情节的核心，也是戏剧吸引观众的主要因素，待到冲突解决，戏剧落幕，观众悬着的一颗心才得以放下。

《哈姆雷特》是英国剧作家莎士比亚最具代表性的名作，全剧以主人公丹麦王子哈姆雷特与现任国王（叔父克劳狄斯）之间的斗争为主要冲突，穿插哈姆雷特的恋人奥菲莉娅的哥哥为父报仇等次要冲突，在冲突之中，揭示哈姆雷特内心的矛盾。当哈姆雷特在"应该行动"和"怎样行动"之间苦苦挣扎、延宕不已之时，局势无可避免地倒向悲剧，此剧最终以哈姆雷特与克劳狄斯同归于尽而结束。这种冲突所导致的悲剧可谓直击人心。

三、以对话为主的戏剧语言

戏剧，主要是依靠人物对话来塑造富于动作性的情节。在戏剧中，语言主要有两种形式：

一种是舞台提示，说明时间、地点、人物心理等信息；另一种就是人物语言，包括旁白、独白或对话等。人物语言，特别是对话台词，是戏剧的主体。高尔基说："剧中之人被创造出来，仅仅是依靠他们的台词，即纯粹的口语，而不是叙述的语言。"因此，与诗歌、散文等文学艺术相比，戏剧的语言大多口语化、个性化，同时精练、晓畅，富有表现力和感染力。如中国戏曲的语言便在生动、机趣之外，往往还富有节奏和韵律，说来朗朗上口，独具韵味。

提篮叫卖拾煤渣，担水劈柴也靠她。里里外外一把手，穷人的孩子早当家。

——《红灯记》（节选）

垒起七星灶，铜壶煮三江。摆开八仙桌，招待十六方。

——《沙家浜》（节选）

另外，戏剧的语言还具有动作性。戏剧是一种动作艺术，戏剧动作与剧中人物发自内心的语言相呼应，因此剧本台词必须体现出强烈的动作性，也就是台词应该具有引出动作、配合动作或有利于动作表现的特性，使人物的语言与姿态、表情、行为相结合。《西厢记·长亭送别》中的一段唱词，就体现了语言与眼神动作的呼应。高而远的"碧云天"，低而阔的"黄花地"，萧萧的"西风"，凄凉壮阔的"北雁南飞"，遥遥相问的"谁染霜林醉"，近在咫尺的"总是离人泪"，极有层次地表现了人物的感情变化。

碧云天，黄花地，西风紧，北雁南飞。
晓来谁染霜林醉？总是离人泪。

——《西厢记·长亭送别》（节选）

四、适应舞台的戏剧结构

戏剧需要在有限的时间和空间中表演一段漫长的生活，因而必须解决剧情时空与舞台时空之间的矛盾。这就要求戏剧创作时进行分幕、分场、分景。幕是指舞台幕布，拉开一次就叫一幕。场是指舞台上人物的变动，只要有人物上场或下场，就叫一场。景是指背景，景随剧情变换叫换景。

分幕、分场、分景是戏剧的外部结构，从内部创作上来说，戏剧也包括开端、发展、高潮、结局、尾声等结构。由于戏剧的情节高度集中和浓缩，空间转换相对较少，因而戏剧需要重点展示富有戏剧性、矛盾冲突强烈的部分，对于其他戏剧性不强或舞台表现力不强的片段，则需要弱化处理。因此，戏剧需要严格规划台词、安排结构，才能将观众带入戏剧的情节中，让观众感受戏剧里的人生。

⭐ 体验美

从《典籍里的中国》中寻访文学之美

文学是什么？

文学起源于人类的思维活动，它以语言文字为工具，表现作者的内心世界、内心情感、内心探索。文学并不单单表达诗情画意的情感、热血慷慨的志向，还反映哲理、社会、人性、精神与价值。

文学源于文明的产生，又进一步推动文明的发展。中国作为拥有上下五千年文明的古国，其千年文明的精髓正是通过文学传承下来的。

请同学们搜索《典籍里的中国》，观看纪录片，看一看、品一品那些闻名中外的古代文学典籍里蕴藏的思想、文化，品味那些五千年历史长河中源起、流传的故事，体味文学典籍蕴含的智慧、精神和价值。

朱熹是将屈原所作的二十五篇

《典籍里的中国》（《楚辞》）（纪录片截图）

⭐ 创造美

与时代文学对话

一个时代有一个时代的文学。汉之赋，六代之骈语，唐之诗，宋之词，元之曲，皆一代之文学。文学是时代的缩影，选择一个时代的文学精品，与一个时代对话，在浩如烟海的名篇佳作中品味文学之趣，感悟文学之美，既陶冶身心，也观照古今。

1. 活动目的

阅读文学作品，体会文学精神，理解文学韵味，做一个有文学素养的人。

2. 活动形式

全班同学分为若干小组，每小组4～6人。各小组分别选择一个时代中的一部有意义、有价值的文学作品，追溯该作品的创作年代、背景，解析作者赋予该作品的情感、思想。最后，以书信的形式给该作者写一封信，与作者对话，交流你的体会、感悟，或提出问题。

3. 活动要求

（1）请同学们积极参与活动。

（2）注意汲取文学作品的思想精华，感受文学的魅力。

（3）活动结束后，各小组成员可互相分享在阅读作品时深受感触的句子。

项目六
探悉科技美

　　四大发明在人类文明的进程中留下了光辉的足迹，蒸汽机的发明带来了轰轰烈烈的工业革命，计算机的发明创造了一个辉煌壮阔的信息时代……站在历史的海岸回溯，人类文明进步的每一朵浪花都离不开科技的推动。从陆地上的车马，到苍穹中的飞机，从汪洋中的帆船，到万米之下的潜艇，人类智慧闪烁之地，就是科技诞生之处。

　　科技，点燃了人类文明的星星之火，给人们带来更好的生活。欣赏科技之美，就是欣赏文明之美、进步之美、创造之美。人们只有拥抱科技，才能展望缤纷未来。

　　科学，你是国力的灵魂，同时又是社会发展的标志。

——徐特立

⭐ 发现美

从汲水看古今科技之变

水，是人类生命之源。

上古时期，人们傍水而居。河流干枯时，人们便挖坑抱瓮取水，继而凿井取水。先秦时期的《击壤歌》记载："日出而作，日入而息。凿井而饮，耕田而食。"到了商朝，原始的汲水工具——桔槔产生。人们在水井旁竖一根架子，架子上加一根杠杆——当中是支点，末端悬挂重物，前端悬挂水桶。水桶一起一落，就可轻松汲水。这一汲水工具的使用延续了几千年。

北魏贾思勰在《齐民要术·种葵》中记载："井深用辘轳，井浅用桔槔。"北方地区干旱，井深水浅，人们便使用辘轳汲水。在井上竖立井架，井架上安装可摇转的轴，轴上绕绳索，绳索一端系水桶。摇转轴，使水桶一起一落，即可轻松汲水。

桔槔

辘轳

清代末期，北洋大臣李鸿章向清廷上奏"凿石引泉"，修建了一套供水设施，即建水池以储水，用陶瓷、铸铁铺设水管输水，开创了城市供水的先河。进入现代社会以后，自来水普及。人们只需打开水龙头，就可以获得丰富的生活用水，这些水大多由水厂的取水泵站汲取自江河湖泊及地下水，按照《生活饮用水卫生标准》处理后，再通过配水泵站输送到千家万户。

有了生活用水之外，人们还要解决农业用水、工业用水的问题。南方水多，北方水少，可不可以把南方的水借一些给北方呢？跨越半个中国的"汲水设施"——"南水北调"工程开启。"南水北调"是借助地势的落差、水泵的力量，将南方的水引入北方。为了实施这一工程，人们要在保障水质安全的前提下，不断克服长距离输水、地质条件复杂等众多技术难题。

从原始的傍水而居，到如今的"南水北调"，人们汲水的方式、范围、距离不断变化，这背后其实都是技术在推动。制陶技术的发明让人类得以"抱瓮取水"，挖掘工具的出现让人们学会了凿井汲水，地质勘探技术、隧道掘进技术、管道材料技术、管道敷设技术等技术的发展让超远距离的"南水北调"成为可能。

汲水工具的发展史，是人们不断改善生活的历史，也是古今技术发展的历史，它反映的是人民之智，是科技之力，也是人文之光。

⭐ 探索美

⚙ 探索目标

1. 回味古代科技之美，了解古代科技蕴含的实用艺术。
2. 体验现代科技之美，感受现代科技对世界的发掘与改造。
3. 畅想未来科技之美，展望未来科技带来的美好生活。

⚙ 美美与共

认识科学、热爱科学、崇尚科学，弘扬科学精神，享受科技生活，感受科技之美，为国家创新驱动发展战略的实施注入新力量。

任务一 回味古代科技之美：实用的艺术

古代先民仰观苍穹，观日月轨迹创天干地支。鲁班受天空飞旋的禽鸟所启发，放木鸢飞于九天。中华先民用勤劳和智慧创造了灿烂辉煌的中国古代科技文化，在天文地理、农业手工、建筑医药等方面书写了灿烂的篇章，为推动世界文明的进步做出了巨大的贡献。我们可以通过了解古代科技创造的累累硕果，去追溯古代的发明、创造、工艺之美，领会古代的科技智慧。

一、以人为本的设计

英国著名学者李约瑟在其编著的《中国科学技术史》中提出了一个关于中国科技发展史的问题，该问题被称作"李约瑟难题"——中国古代对人类科技发展做出了很多重要贡献，但为什么科学和工业革命没有在近代的中国出现和发生？

公元前1世纪到公元15世纪，中华文明在获取自然知识并将其应用于满足人类的实际需要方面比西方文明更有成效。在这期间，地球上出现的对人类文明发展有重大影响的科学发现和发明，几乎一半都由中国文明所贡献，然而近代科学却在欧洲诞生。

从世界历史发展的角度看，每一个文明都会孕育出先进的科学技术，两河流域的苏美尔人发明了车辆、古埃及人建造了金字塔、古希腊人构建了几何学体系、阿拉伯人发展了三角学等，每一个文明都孕育了科学，给世界带来了巨大的改变。在欧洲崛起的近代科学，是文明不断发展的产物，本质上也是在其他文明的推动下融合发展而来的。因此，"李约瑟难题"的答案可以说是多方面的，科学和工业革命未在近代中国出现和发生并不能抹去中国古代科技对世界文明发展做出的巨大贡献。

从本质上来说，中华民族的文明是"务实"的文明，中国古代科技成果大多都是人们在劳动实践中不断总结、创造的。因此，中国古代科技所创造的成果都是务实、实用、以人为本的。

河姆渡文明的干栏式建筑是在木柱底架上建造的高出地面的房屋，可防潮防淹，是南方潮湿多雨环境下的理想建筑形式。半坡文明的半地穴式房屋（人们要先在地表挖掘深坑，再沿坑壁筑墙、上顶）可防寒保暖，是北方寒冷干燥环境下的理想建筑形式。这两种不同的建筑形式，正是人们在长久的生活中总结出来的。

干栏式建筑

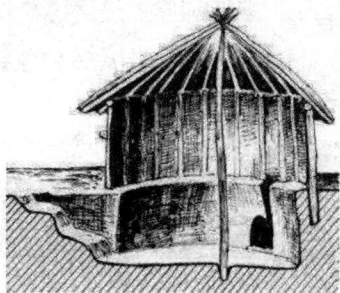

半地穴式房屋

务实是自中国农耕文化中形成的一种民族精神，要求人们不语"怪、力、乱、神"，而是聚焦社会生活，这其实就是以人为中心、注重人的生命与价值这种以人为本的思想的体现。

因此无论是建筑，还是造物，古代匠人几乎都不自觉地遵循这一创造原则，他们认识和改造自然，都以让人在更好的环境里生活为最终目的。造纸术的发明便于文字的书写与文化的传承，指南针的发明可帮助人们辨别方向，活字印刷术的发明不仅提高了雕版印刷的效率，也改变了人类文化的传播方式。火药虽自炼丹术中诞生，但也被广泛应用于烟花、医学和采矿等领域。

除此以外，天文历法、水利工程、农具发明等，都是为了促进农业的发展。总之，中国古代科技的辉煌，是中国古代人民智慧和创造力的体现，也是中国古代科技人文光辉的体现。

造纸

活字印刷

司南

火药

二、领先世界的技术

李约瑟提到，在公元前2世纪至公元16世纪，我国在科技方面的发达程度远远超过同时期的欧洲，我国对人类科技发展做出了很多重要贡献。文艺复兴时期，意大利人卡丹也提出我国发明的磁罗盘、印刷术和火药是"整个古代无法与之相比的三大发明"。四大发明传入欧洲以后，极大地推动了欧洲文化、经济、军事等的发展。此外，在农业、天文、数学、物理、制造、医药、建造等方面，我国无一不以其独特的科技创造领先于世界。

1. 农业

我国古代属于农耕文明，农业在社会生产中占据着重要地位，因而关于农业的科技发明可以说屡见不鲜。

在古代，我国最先栽培了粮食作物——水稻，豆类作物——大豆，果树作物——柑橘，三大饮料作物之一——茶。这些作物的栽培技术的传播，对人类生存和发展的贡献并不逊色于四大发明。在农业生产工具方面，古人发明了锄头、犁、耙等工具，创新了土地耕作方法，提高了农业生产效率。其中，发明于汉代，用于清选粮食的风扇车（也称扇车）在经不断改进、完善后，于18世纪传入欧洲，填补了欧洲没有将谷粒与糠秕分离的机械的空白。

水稻颖壳、小穗轴和杂草种子（良渚文化）

风扇车

2. 天文

近代自然科学始发于天文学，因为天文，人们得以科学地认识自然，哥白尼、伽利略这些自然科学的启蒙者都是天文学家。同时，天文学的发展也为欧洲航海技术的发展奠定了基础。而我国古人观测天文的历史可以追溯到商朝，距今约3000年的商朝甲骨卜辞中就有关于日食、月食的确切记录。公元前1057年，我国已有对于哈雷彗星的观测记录；公元前4世纪，我国已有关于太阳黑子的记录。这些历代所积累的天文观测知识，为后来的天文学家们提供了重要的参考。

为了准确观测天体和天象的位置，汉代天文学家耿寿昌、贾逵等发明了以赤道为坐标系的天文观测仪器，其被称为浑仪或浑天仪。725年，唐代天文学家一行（张遂）与梁令瓒在浑天仪和浑象的基础上，制成"浑天铜仪"。1092年，宋代天文学家苏颂制造了更先进的水运仪象台，水运仪象台实际是一座大型天文钟台，台分3层：上层是浑仪，用来观测日月星辰的位置；中层是浑象，可旋转并显示天象；下层设木阁，阁中木人定时报时。木阁后有漏壶和机械系统，驱动整个仪器。水运仪象台是我国古代天文仪器制造史上的一座高峰，被誉为世界上最早的天文钟，其原理于两个世纪后传入欧洲，推动了机械钟在西方的发展。

视频：水运仪象台
数字化复原

浑天仪

水运仪象台（复原模型）

3. 数学

我国首次实现"量子计算优越性"的量子计算原型机名为"九章"，其名来源于我国古代著名的数学专著《九章算术》。国际上超导量子比特数目最多的可编程超导量子计算原型机名为"祖冲之号"，其名来源于我国古代著名的数学家祖冲之。为何我国当代的量子计算原型机偏爱以古代的数学专著或数学家来命名？这就不得不提及曾领跑世界的我国古代数学。

早在先秦时期，我国已经有了完整的十进制系统。商朝甲骨文有一至九、十、百、千、万共13个数字符号。用于十进位值制记数的则是算筹记数法，《老子》中载"善数不用筹策"，指数学能力强的人不需使用算筹来计算。

算筹表示的数

纵式																					T	T(	)	T(		)	T(			)	T(				)
横式	—	=	≡	≣	≣	⊥	⊥(=)	⊥(≡)	⊥(≣)
阿拉伯数字	1	2	3	4	5	6	7	8	9

算筹记数法

记1~5，表示几就用几根算筹；记6~9，用一根在上面的算筹表示所含的5，比5多几就在下面用几根算筹与表示5的算筹靠拢垂直放置。记数时，个、百、万等奇数位上的数字用纵式，十、千、十万等偶数位上的数字用横式，纵横交错表示整数。

约成书于公元前1世纪的《周髀算经》，记录着商高同周公的对话："故折矩，勾广三，股修四，径隅五。"意指当直角三角形的两条直角边分别为3（短边）和4（长边）时，径隅（弦）则为5，后人简称"勾三股四弦五"，称其为商高定理，也就是现在所说的勾股定理。三国时期，数学家赵爽又对勾股定理做出了详细注释，赵爽弦图时至今日仍被一些初中教辅书籍使用。

我国古代影响最深远的数学专著《九章算术》，记载了四则运算、比例算法、面积和体积算法、利用勾股定理进行测量、开平方和开立方、求解一般一元二次方程、联立一次方程解法、正负数的加减法运算法则等众多数学知识。三国时期的数学家刘徽在《九章算术注》中记载的割圆术是当时世界上最严谨简洁的算法，魏晋南北朝时期的数学家祖冲之用割圆术，将圆周率精确到3.1415926。

我国古代数学成就不胜枚举，自先秦时期开始就爆发了无数绚丽的火花。隋唐时，艺术大放异彩，数学成就不算突出，但国子监算学科将"算经十书"——《周髀算经》《九章算术》《海岛算经》《五曹算经》《孙子算经》《夏侯阳算经》《张丘建算经》《五经算术》《缉古算经》《缀术》列为教科书。宋元时期，秦九韶、杨辉、李治、朱世杰四大杰出数学家将数学发展推至全盛。遗憾的是，明清八股取士的科举制度大幅削减了数学的内容，自此我国古代数学便鲜有大的发展。

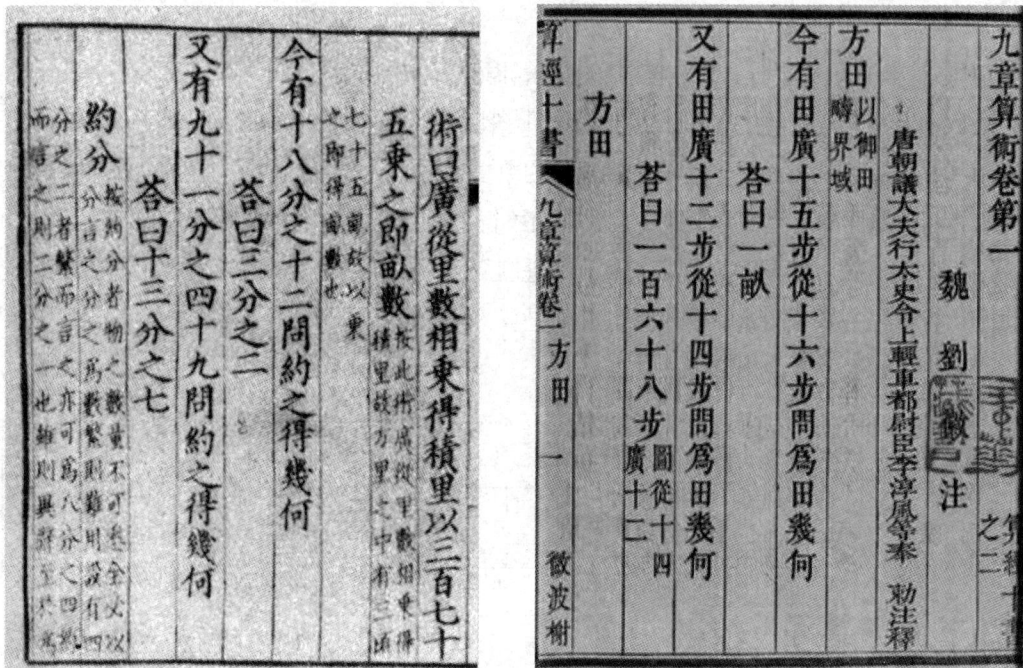

《九章算术》书影

4. 物理

我国古代的物理学一度十分辉煌，在很多方面的研究和记录都领先于西方。

春秋战国时期，李冰修建都江堰采用"正面取水，侧面排沙"的方法，这说明其已经具备测河水流量、了解泥沙规律等水力学知识。《吕氏春秋》中记载"磁石召铁"，说明人们已经发现了磁石指南北的性质，并因此制成了世界上最早的指南工具——司南。先秦哲学家墨翟及其墨家在《墨经》中记述了大量力学与光学的知识，探讨了力、惯性、浮力与平衡等原理，研究了杠杆、滑轮、轮轴、斜面等装置省力的原因，指出了光的直线传播和反射规律，以及小孔、平面镜、凹面镜和凸面镜的成像情况，还观察了温度与火色的关系。《周礼·考工记》也论述了力学、声学的知识，记载了滚动摩擦、斜面运动、惯性现象、抛物轨道、水的浮力、材料强度以及钟、鼓、磬的发音、频率、音色、响度、形状。

东汉时，王充在《论衡》中指出声音由振动产生，通过空气传播，并阐述了"顿牟掇芥"（摩擦起电）的现象。东汉科学家张衡利用惯性的原理设计制造了候风地动仪，提出"近天则迟，远天则速"的行星运动规律。《尚书纬·考灵曜》中记载："地恒动不止，而人不知，譬如人在大舟中，闭牖而坐，舟行不觉也。"这生动地描述了机械运动的相对性原理。

汉代利用水力鼓风冶铁，晋代利用水力汲水、磨粉、舂米。唐代进行了世界上第一次子午线的实际测量，还将风力分为8个等级，指出了雷与电的关系。宋代沈括的《梦溪笔谈》被称为"中国科学史上的坐标"，其研究了声音的共振现象、针孔成像与凹面镜和凸面镜的成像规律，说明了焦点、焦距、正倒像等问题，研究了人工磁化方法，指出了磁场的磁偏角，讨论了指南针的装置方法。

❀ 欣赏美

古籍中的物理学

《墨经》记载："力，形之所以奋也。"意指力是物体运动状态改变的原因。

《墨经》记载："力，重之谓，下举，重奋也。"意指"重"也是力，施力者将物体由下而上举，是抵抗重力的作用过程。

《墨经》记载："光之人，煦若射。"意指光线照到人，人体所反射的光线好比箭射那样是直线前进的，这揭示了光的直线传播性。

《淮南子·谬称训》记载："物之功，动而有益，则损随之。"意指"功"与"动"相关，又和"益"与"损"相联系。

《明史记事本末》记载："有贞示以二壶，一壶之窍一，一壶之窍五，注水二壶，五窍先涸。"这是一个流体力学实验，意指2个形状一样、容积相等的壶，1个壶开1个大孔，另一个壶开5个小孔，5个小孔开孔总面积等于大孔开孔面积，将2个壶灌满水后，同时让水从开孔处流出，有5个小孔的壶中的水先流完。

《东府杂录》记载："唐大中初，郭道原善击瓯，以越瓯、邢瓯十二只，旋加减水于其中，以箸击之，其音妙于方响。"这是一个振动发声的实验，意指在12个越瓯、邢瓯中倒入适量水，以筷子轻击瓯沿，瓯可以发出不同的声音。

《物理小识·卷一》记载："置钱于碗，远立者视之不见。注水溢碗，钱浮水面矣。"这是一个光的折射实验，意指将铜钱投入空碗，人远立于碗的一侧，逆着光线看去，无法看到铜钱；注水于碗，铜钱便"浮"了上来。因为注水后，射向铜钱的光线在水面处会发生弯曲，所以人能看到铜钱的虚像，这就是光的折射现象。

5. 制造

中国古代制造业的光辉，在人类文明史中闪耀了几千年。制造业相关技术，如制瓷、冶炼、丝织、造船等，无一不辉煌灿烂。

（1）制瓷

瓷器是我国对人类文明的精美献礼，我国有数千年的制瓷史，我国产出的瓷器可谓举世无双，与之相关的科技成就更是首屈一指。采石、练泥、拉坯、修坯、绘画、上釉、装匣、窑烧，经过一系列工序，将岩石、泥土变幻成精美细腻的瓷器，这一过程蕴含着我国古代劳动人民无数的智慧和心血。我国古代的制瓷技术是对工匠们无数经验的累积与传承，不仅是手工业领域的亮点，也是工艺美术领域的鲜花。

（2）冶炼

人类掌握冶炼技术，是从烧制陶器开始的。为了烧制出更精美的陶器，人类尝试控制温度，这为青铜、钢铁的冶炼提供了条件。

商朝时，铜炉内的温度已经可以达到1200摄氏度，这使得我国古代青铜冶炼技术领先于世界。西周时冶炼生铁，春秋战国时冶炼熟铁，汉代时人们已经掌握炼钢的方法。东汉时，铸铁脱碳制钢工艺和炒钢技术尤为突出。郑州市博物馆收藏的6件东汉铁剪就是用铸件脱碳淬火而成的，质地非常纯净。此外，在炒钢技术上发展出的"百炼钢"技术，达到当时世界最高水平。魏晋南北朝时期出现了技术更为先进的灌钢法。宋明时，灌钢法不断发展，使得冶炼效率进一步提高。

（3）丝织

丝织是以蚕丝或化学纤维长丝作经、纬，织制出丝织物的工艺过程。我国是最早利用蚕茧抽丝的国家，我国古代的丝织工艺一直在各个领域遥遥领先于世界。

河南荥阳青台村仰韶文化遗址出土的丝织物残片，是目前发现最早的丝织物，可追溯至距今约5500年前，这证明在约5500年以前，缫丝工艺已经出现。商朝时，缫丝技术已经相当成熟，唐代出现了手摇缫丝车，宋代则出现了较为复杂的脚踏缫车，宋人还总结出了缫丝时煮茧温度的控制方法——冷盆法，明代以后，该方法成为缫丝技术的主流。

缫丝只是从蚕茧到丝绸的第一步工艺，将蚕丝抽离出来之后，还要将其织成丝织物，也就是织造。我国从公元前2700年就已生产丝织物，在公元前200年能生产织锦等具有复杂花纹的丝织物。我国古代丝绸扬名四海，连接东西方、促进商品和文化交流的古老贸易路线"丝绸之路"也因此而得名，这无不说明了我国古代丝织工艺的影响力。

《天工开物》中的冶炼锤锚图　　　　　　　冷盆

（4）造船

早在新石器时代，上古先民就开始使用独木舟和筏来探索河流与海洋。先秦时期，栖居于南海之滨的越人制作竹筏、木筏、独木舟、木板船，用于渔猎运输。西汉时，人们开辟海上丝绸之路，南海巨舶在广州和古罗马的阿杜利港之间运送丝绸、珠宝、香料、矿物等大宗货物。唐代后期，海上丝绸之路经南海、西亚和东非，跨越欧、亚、非三大洲。

魏晋南北朝时期，我国出现了水密舱壁。水密舱壁是我国造船史上的一项重要发明，使用水密舱壁的船，即使某一船舱破损进水，也不波及其他船舱，这有效提高了船舶的抗沉性。这一发明早于欧洲1000多年。明代时，我国古代造船业发展到顶峰，正是造船技术的发展，才促成了郑和七下西洋的壮举。

当然，除了上述制造技术之外，中国古代的印刷、造纸、罗盘等技术也领先于世界，为人类文明的发展做出了重大贡献。

欣赏美

中国古代重要科技发明创造

四大发明是中国古代文明的标志，但还不足以全面展现中国古代的科技成就。中国科学院自然科学史研究所梳理了科技史和考古学等学科的研究成果，选出了"中国古代重要科技发明创造"88项。这88项科技发明创造大致分为科学发现与创造、技术发明、工程成就3类，都为中华民族所原创，反映了我国古代科技发展的先进水平，且对世界文明有重要影响。同时，这些科技发明创造都有可靠的考古或文献证据，这能证明它们是迄今所知世界上最早的，或属于最早之一且独具特色的科技发明创造。

其中，科学发现与创造包括干支、阴阳合历、圭表、十进位值制与算筹记数、小孔成像、杂种优势利用、盈不足术、二十四节气、经脉学说、四诊法、马王堆地图、勾股容圆、线性方程组及解法、本草学、天象记录、方剂学、制图六体、律管管口校正、敦煌星图、潮汐表、中国珠算、增乘开方法、垛积术、天元术、一次同余方程组解法、法医学体系、四元术、十二等程律、《本草纲目》分类体系、系统的岩溶地貌考察。

技术发明包括水稻栽培、猪的驯化、含酒精饮品的酿造、髹漆、粟的栽培、琢玉、养蚕、缫丝、大豆栽培、块范法、竹子栽培、茶树栽培、柑橘栽培、以生铁为本的钢铁冶炼技术、分行栽培（垄作法）、青铜弩机、叠铸法、多熟种植、针灸、造纸术、胸带式系驾法、温室栽培、提花机、指南车、水碓、新莽铜卡尺、扇车、地动仪、翻车（龙骨车）、水排、瓷器、马镫、雕版印刷术、转轴舵、水密舱壁、火药、罗盘（指南针）、顿钻（井盐深钻及汲制技艺）、活字印刷术、水运仪象台、双作用活塞式风箱、大风车、火箭、火铳（管形火器）、人痘接种术。

工程成就包括曾侯乙编钟、都江堰、长城、灵渠、秦陵铜车马、安济桥（敞肩式石拱桥）、大运河、布达拉宫、苏州园林、沧州铁狮、应县木塔、紫禁城、郑和航海。

6. 医药

在几千年的历史长河中，我国留下了大量关于医药学的著作。自神农尝百草开始，扁鹊、张仲景、华佗、孙思邈、李时珍等中医药巨匠们一代代薪火相传，为我国医学文化留下许多宝贵的财富。春秋战国时期的扁鹊被奉为"脉学之宗"，他奠定了中医学切脉诊断的方法，开启中医学的先河。华佗、董奉、张仲景并称为"建安三神医"，华佗不仅擅长外科手术，发明了麻沸散，还创编了强身健体的导引之术"五禽戏"。张仲景创编的《伤寒杂病论》是后世中医学的重要经典。"药王"孙思邈的著作《千金方》是我国历史上第一部临床医学百科全书。明代李时珍的著作《本草纲目》记载药物1800多种，方剂1万多个，全面总结了16世纪以前的我国医药学，被誉为"东方医药巨典"。

在古代，我国还形成了完整的法医学体系，南宋宋慈编写的《洗冤集录》非常接近今天的法医学教科书，且早于欧洲最早的法医学专著《报告的编写及尸体防腐》两个多世纪。

7. 建造

每一个文明都催生了独具特色的建造技术和建造艺术，在古代，中国不仅孕育了中国式的民居、庙堂建筑，在水利设施、道路桥梁、防御工事等的建造方面也展现出非凡的风采。

先秦时期，秦国蜀郡太守李冰主持兴建都江堰，将岷江水引入成都平原腹地。都江堰以最少的工程设施实现分水、引水、排洪、排沙等多方面的工程效益，设计巧妙，效益卓著，沿用至今，举世闻名。规模浩大的军事工程——长城，东西绵延上万千米，因地制宜、就地取材，或以土筑，或以石砌，或土石结合，是人类文明史上最巨大的单一建筑物，也是修缮时间持续最久的建筑物。京杭大运河是最古老的运河之一，也是世界上最长的人工河流。它北起北京，南至杭州，沟通海河、黄河、淮河、长江、钱塘江五大水系，是我国古代水利航运工程技术领先于世界的证明。

此外，对于造桥、挖井，中华民族亦无不精绝，隋代的赵州桥、唐代的蒲津浮桥、宋代的卓筒井，其高超的技术在当时的世界让人难以望其项背。

都江堰

长城

赵州桥

卓筒井

始建于隋代，距今已有1400多年的历史，是世界上现存年代最久远、跨度最大、保存最完整的单孔坦弧敞肩石拱桥。西方在14世纪才出现敞肩式石拱桥，比中国晚了700多年。

现存最早的小口径钻井，比西方的钻井早了700多年。

任务二　体验现代科技之美：赋能生活

　　科学如同一盏盏明灯，照亮了知识的世界，无数科学家孜孜不倦地探索科学的边界，一点一点揭开大千世界的奥秘。进入近现代以来，科学技术井喷式涌现，19世纪的科学家研究热力学与电磁感应、化学原子论、生物进化论、细胞学说，20世纪的科学家研究核能利用技术、信息技术、航空航天技术、生物技术、激光技术、纳米技术，这些科学研究和发现对人类历史进程带来了巨大的影响。我们活在当下，也可以亲身感受到科学技术带给生活的变化，感受到各种科学、技术、科技产品之美。

一、能源科技：人类的可持续发展

　　能源是人类一直都在探索的课题，从古至今，几乎每一次能源利用技术的突破，都会引起社会生产和生活的巨大变化。

　　人类最早利用的能源是一些自然物质，以自然物质生火，利用火使得自身脱离茹毛饮血的生活，进入文明的历程。汉代，人们发现煤矿，以煤为燃料进行冶铁。1世纪，人们发现石油，《汉书·地理志》记载："高奴有洧水，可燃。"《后汉书·郡国志注》对石油的性质进行了详细描述，将石油称作"石漆"。晋代《博物志》有古代四川地区人民用火井煮盐的记载，古代四川地区人民将盐井叫火井，火井同时也是天然气井。

　　18世纪以后，随着西方工业革命的到来，人们对能源的需求急剧增加，人们开始大规模开采、利用化石能源，如煤炭、石油、天然气等，为工业化和城市化提供动力。然而化石能源多为不可再生资源，过度的能源开采让全球性能源危机频发，为了应对这些危机，人们开始开发利用可再生能源，如风能、太阳能、水电、生物质能。我国是最早利用可再生能源的国家之一，进入21世纪以后，随着技术的进步，我国对可再生能源的利用和开发有了重大的飞跃。党的十八大以来，我国以水电、风电、光伏发电为代表的可再生能源实现跨越式发展，装机规模稳居全球首位，发电量占比稳步提升。从沙漠戈壁到蔚蓝大海，从世界屋脊到广袤平原，处处可见可再生能源开发利用的踪迹。

　　随着环境保护和气候变化等问题的日益凸显，人们探索新兴能源，如氢能、地热能、核能等的脚步依然不会停歇。

二、航空航天技术：让世界越来越大

　　人类栖居于陆地，向往着神秘的太空。在古代，人们为了亲近宇宙，做出了很多关于飞行的探索，例如我国在战国时期发明了风筝、在三国时期发明了孔明灯、在晋代发明了竹蜻蜓、在宋代发明了火箭，它们是人类早期对重物升空的尝试。

　　文艺复兴时期，达·芬奇在札记中记载了自己对于飞行的设想，绘制了直升机、降落伞、飞机的草图。1783年，法国的蒙格菲兄弟成功完成了载人热气球试验。1851年，法国的吉法尔在气球上安装蒸汽机，由其推动螺旋桨，制造出第一艘可操纵的飞艇。1903年，莱特兄弟制造了第一架飞机。

达·芬奇手稿中的直升机

莱特兄弟试飞

飞机的发明让人类飞上了天空，也催生了人类探索更大的宇宙的梦想。俄罗斯的齐奥尔可夫斯基提出了利用火箭克服地球引力飞入太空的设想。德国最早在星际航行领域取得突破，并于1942年成功发射了第一枚运用液体燃料的军用导弹。1957年，苏联成功发射了第一颗人造卫星。1969年，美国的"阿波罗11号"将3位宇航员送上了月球轨道。自此以后，各国都开始积极开展航空航天领域的探索。

1970年4月24日，我国成功发射了"东方红一号"卫星，成为继苏联、美国、法国、日本之后世界上第五个独立研制并发射人造地球卫星的国家，踏出了逐梦苍穹的第一步。2003年10月15日，"神舟五号"载人飞船升空，为我国航天事业发展再立一个里程碑。2007年10月24日，"嫦娥一号"成功奔月，再创我国航天技术创新独立发展的历史。此后，"神舟"问天，"嫦娥"奔月，"祝融"探火，"羲和"逐日，"天宫"架桥，"北斗"指路，我国航天技术不断取得突破。

航天技术是综合性工程技术，航天技术的发展是基础科学研究和材料、电子、机械、化工等多个领域的发展，它不仅体现了我国综合国力的提升，有助于维护国家民族的安全，还引领着人类探索未来。航天技术代表着一个国家在科技和经济领域的实力，我国航天人探索宇宙的热情不曾消退，探究宇宙的脚步也将迈得更远。

视频："东方红一号"卫星发射升空

中国空间站——"天宫"

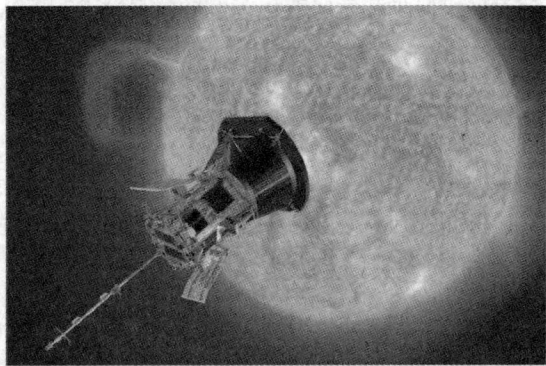

我国首颗太阳探测卫星

三、信息技术：人工智能的未来

语言的使用，是人类经历的第一次信息革命；文字的创造，是人类经历的第二次信息革命；印刷术的发明，是人类经历的第三次信息革命。这3次信息革命拉开了人类文明繁荣发展的序幕。人类的第四次信息革命，是19世纪中叶电报、电话、广播、电视的发明、普及和应用，这次信息革命让人类通信产生了根本性的变革。在20世纪爆发的第五次信息革命中，计算机诞生，它将人类带入了多元、丰富、前所未有的信息社会。

自1946年第一台电子计算机在美国诞生起，人类社会就开始发生翻天覆地的变化，社会、经济、政治、文化等方方面面都受到了巨大而深远的影响。随着相关技术的发展，计算机也从最初的巨型化发展到如今的微型化、智能化、专业化、数字化，并深入千家万户，一步一步改变着人们的学习、工作和生活。现如今，新一代信息技术产业，如云计算、人工智能、物联网、区块链、5G等，也成为国民经济的战略性、基础性和先导性产业。其中，人工智能更是以前所未有的发展速度渗透到我们的日常生活中，制造业用智能机器人和人工智能设备提高制造效率，服务业用智能机器人送餐、冲咖啡，运输业用无人机或无人驾驶汽车配送商品，还有各种智能家居、家庭服务机器人、可穿戴智能设备等也不断出现在我们的生活中，让我们的生活更加智能化、便利化。

在这个飞速发展的时代，高新技术百花齐放，或便利当下；或造福未来，而信息技术，既融入当下的生活，也闪耀于未来。

欣赏美

人工智能的未来

从AlphaGo（阿尔法围棋）的人机对战，到无人驾驶汽车上路，再到人工智能合成主播上岗……人工智能从诞生以来到今天，仍在不断地发展中。2016年，AlphaGo以大比分战胜了围棋世界冠军、职业九段棋手李世石。2021年，采用深度学习模式迅速提升实力的AlphaGo又以3∶0的绝对比分战胜了"世界围棋第一人"柯洁，人类选手在围棋竞技领域再也不是人工智能的对手。

自动驾驶是近年来最受关注的人工智能应用之一，2022年北京冬季奥运会依托在首钢园区部署的5G智能车联网业务系统，完成无人车火炬接力，这成为自动驾驶技术的"高光时刻"。

基于自然语言处理技术的大型语言模型也是人工智能的典型应用，OpenAI在2022年11月发布的聊天机器人程序——ChatGPT，不仅能流畅地与用户对话，回答用户的各种问题，甚至还能写诗、撰文、编码。与ChatGPT类似的聊天机器人还有百度的文心一言、阿里巴巴的通义千问等。

除了聊天机器人，人工智能绘画应用也迅速风靡，各种人工智能绘画工具可以根据图片或纯文本描述，智能生成与之相关的结果图，同时支持水墨画、油画、动漫等多种风格的图片生成。

感悟： 麦肯锡全球研究院预测，人工智能带来的社会革命将比工业革命的发展速度更快、规模更大、影响力更广。近年来，人工智能进入制造、医疗、娱乐、商业等各个领域，究竟人工智能可以发展到什么程度，这一问题只能交给未来解答。

四、激光技术：精密高效的制造

1916年，爱因斯坦在研究光的辐射时，提出了一种受激辐射的概念，奠定了激光的理论基础。1960年，美国科学家梅曼宣布获得了波长为0.6943微米的激光，这是人类获得的第一束激光。同年，梅曼发明了第一台激光器，将激光引入实用领域。1961年，中国第一台激光器研制成功。

激光是原子受激辐射产生的光，是20世纪以来继核能、计算机、半导体之后，人类的又一重大发明。激光的应用范围非常广泛，特种加工、精密检测、医疗、制药、通信、军事、娱乐等各个领域都可以看到激光应用的痕迹，例如激光笔、激光切割、激光治疗、激光成像等。

激光技术展现出令人惊叹的工业制造之美，以及令人安心的国防建设之美。在人类研究激光的起步阶段，我国的激光技术就发展迅速，与国际水平十分接近。到了今天，在我国科研机构、科研人员以及相关单位的共同努力下，我国在激光技术发展领域已经形成了门类齐全、水平先进的局面，不仅在国际激光技术发展领域占得一席之地，同时也为我国科学技术、国民经济和国防建设做出了积极贡献。

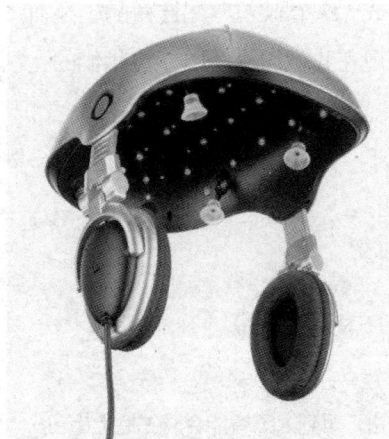

激光头盔

激光投影仪

五、生物科技：解构生命的形态

生物科技本质上是利用"生物体系（含动物、植物及微生物）"加工人类所需要的各种产品的一种科技，是21世纪技术革命的核心内容。早在石器时代，我们的祖先就开始利用发酵技术酿酒，这是对生物技术最早的应用。周朝以后，人们制作豆腐、酱醋；明代广泛种植痘苗以预防天花；1676年，荷兰人制成显微镜并用它观察到了微生物……这些都是早期人类对生物技术的利用。

20世纪70年代，ＤＮＡ重组技术诞生，ＤＮＡ体外重组的实现标志着生物科技的核心技术——基因工程技术诞生，生物科技进入了新的发展时代。现代发酵工程、现代酶工程、现代细胞工程以及蛋白质工程，都在基因工程的带动下开展起来。培育良种作物，提高作物品质，改善农业生产条件；治疗疾病，研制疫苗，延长寿命，提高生命质量；提高石油开采率，降解污染物，生成生物能、解决能源危机，等等，都可以依靠现代生物技术来实现。

如今的生物科技日新月异，已成为全球新一轮科技革命和产业变革的核心。我国生物科技发展成果斐然，从二氧化碳到淀粉的人工合成、脊椎动物从水生到陆生演化的遗传创新机制、异源四倍体野生稻快速从头驯化、揭开鸟类长距离迁徙之谜、中晚期鼻咽癌疗效的高效低毒治疗新模式等，都是我国在生物科技领域取得的重大科技成果。

生物科技让人类得以认识生命的本质，探索生命的奥秘，这是科技发展的意义，也是科技美之所在。

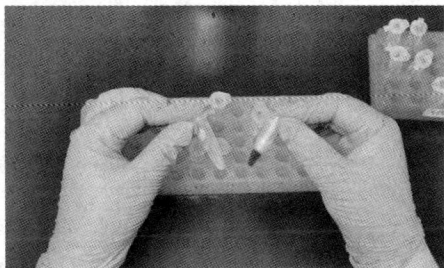

生物科技实验

六、纳米科技：微小处见宏大

纳米科技是在纳米尺度上研究和利用物质的特性与相互作用的多学科交叉的科技，其最终目标是直接以原子、分子及物质在纳米尺度上表现出来的特性制造出具有特定功能的产品。

1959年，美国物理学家费曼在一次演讲中阐述了微缩技术的前景，提出通过操纵分子、原子来构筑材料，这是人类关于纳米科技最早的设想。1974年，谷口纪男提出纳米技术一词，用来描述原子或分子级别的精密机械加工。1990年，第一届国际纳米科学技术会议在美国巴尔的摩召开，这标志着纳米科学技术的正式诞生。1991年，碳纳米管被人类发现，它的质量是相同体积钢的1/6，强度却是钢的10倍。1993年，中国科学院北京真空物理实验室操纵原子成功写出"中国"二字，使我国在国际纳米科技领域占据一席之地。

纳米科技以物理、化学的微观研究理论为基础，以当代精密仪器和先进的分析技术为手段，实现现代科学和现代技术的交叉融合，是21世纪新工业革命的主导技术，在纳米材料、微电子和计算机、环境和能源、纳米医学、纳米生物、航天航空等各个领域得到广泛应用。多年来，我国纳米科技创新成果丰硕，在长续航动力锂电池、纳米绿色印刷、纳米催化、健康诊疗及饮用水处理等产业领域形成了一系列纳米核心技术创新，还成功实现纳米尺度的光操控。

纳米科技展现的是迷人的微境之美，它以小而美的微观物质来构建大世界，不仅引起了各个领域生产方式的变革，也将改变未来人们的工作和生活。

🌸 **欣赏美**

科技美在何处

在蛮荒的年代，人们没有科技的指导，犹如在黑夜中前行，幻想着雷霆、阳光、风等力量都为"神灵"所掌控。科技揭开了自然的"神秘面纱"，如同一盏灯驱散了黑暗，帮助人们认识世界。科学发蒙启蔽，这是科技中的知识之美。

爱迪生为了改良电灯，实验数千种灯丝材料；达尔文为了验证进化论，足迹遍布世界；居里夫人长期接触放射性物质，为科研事业献出了宝贵的生命。为求真理，科学家们不畏艰难、呕心沥血，不断创新，谱写了可歌可泣的精神诗篇，这是科技中的精神之美。

孟德尔以豌豆作为实验对象，通过对豌豆的多轮杂交，并统计杂交后代的性状，探索出了遗传定律，揭开了遗传之谜。牛顿用三棱镜将阳光分解为红、橙、黄、绿、蓝、靛、紫七色色带，为颜色理论奠定了基础。在古今中外的科学研究中，科学家们常常能够通过一些严谨奇妙的方法，得出结论或实现突破。这些高明的科学方法闪烁着人类智慧的光芒，是科学中的方法之美。

感悟： 科技美是人工的产物，是理性之美。在日常生活中，我们常感受到科技带来的便利，对新奇的科技产品跃跃欲试，对尖端技术的突破惊叹不已，对新应用的技术啧啧称奇。我们不能否认，科技本身便具有让人感到愉悦的"美"的因素。

任务三　畅想未来科技之美：展望明天

未来的世界是科技的世界，经济的繁荣、民族的发展都与科技的进步息息相关。为了赢得发展先机，各个国家都在对未来科技产业进行评判，提前布局、积极培育、实施孵化，我国也将未来产业布局的重点放在了类脑智能、量子信息、基因技术、未来网络、深海空天开发、氢能与储能等前沿科技和产业变革领域。我们可以立足现在，展望未来，设想未来科技又将如何改变世界产业的格局，如何改变我们的生活。

一、类脑智能

早期的人类靠工具完成生产，后来，人们将工具发展为了机器，脱离了简单的重复劳动，但机器只会机械地执行指令。对此，人们希望让机器像人一样思考。为了实现这个目的，人工智能应运而生。

人工智能从诞生及至今天，虽然在不断发展，但离"让机器拥有人类的智能"这一预想还差之甚远。人们实现了让机器说话、让机器服务、让机器制造，但机器仍然无法有效地进行思考。类脑智能，就是人工智能的终极目标。人们希望人工智能可以像《流浪地球》中的"MOSS"一样，自己观察、记录、预测并做出决定。

在人工智能蓬勃发展的浪潮之下，新的人工智能研究正在开启，类脑智能成为全球科技和产业创新的前沿阵地，我国"十四五"规划也将类脑智能放在未来产业发展的重要位置。类脑智能以类脑芯片、基础软件与类脑计算系统、脑机接口、类脑神经架构与硬件系统等技术为基础，具有通用人工智能、类脑多模态感知与信息处理等技术优势与特征。我国在部分类脑智能方向已有突破，在部分领域甚至形成领先优势，例如中科寒武纪科技股份有限公司研发了"寒武纪"类脑智能芯片，清华大学类脑计算研究中心研制出类脑计算芯片"天机芯"。

类脑智能前景广阔、应用广泛，在对其进行探索的路上必然荆棘密布，但就像人类曾经向鸟学习发明了飞机，向鱼学习发明了潜艇一样，只要探索真理之的热情不灭，未来就有无限可能。

二、量子信息

量子信息领域是量子物理与信息科学相结合的领域，是新科技革命引领方向与技术竞争的制高点。近年来，量子信息领域处于持续快速发展阶段，多国将量子信息领域的发展上升到国家战略的高度，我国也对量子信息领域的发展进行了全面布局。

我国虽然在量子信息领域的研究和应用起步较晚，但集中发力，实现多方并进，现已跻身量子信息领域国际领先行列。党的二十大报告就指出，我国"一些关键核心技术实现突破，战略性新兴产业发展壮大……量子信息……取得重大成果，进入创新型国家行列"。2016年，我国发射了世界首颗量子科学实验卫星"墨子号"。2017年，我国正式开通世界首条量子保密通信干线"京沪干线"。2020年和2021年相继问世的量子计算原型机"九章"与"祖冲之号"，使我国成功实现了"量子优越性"。

量子信息技术前景广阔，发展量子信息技术，推动科研成果应用和产业生态构建，是各国构建未来产业竞争力的重要方向之一。未来，科学家们还将继续推动量子信息从"理论"到"应用"的发展，积极实现量子信息技术的价值转化。

三、基因技术

基因蕴藏着生命孕育、生长、凋亡的秘密，人类生、长、老、病、死和一切生命现象的物质基础，几乎都由基因决定。基因技术被生物科学家称为"破解人类健康的密码"，我国"十四五"规划将基因技术列为未来产业。

基因技术是以基因相关技术为核心支撑的生物技术。人们通过基因合成组装、基因编辑及生物分子工程和细胞工程，借鉴人工智能、自动化及生物设计，可以实现合成生物体系的设计和制造，支撑未来生物产业的发展。这一技术及其产业化涉及农业、环境、生化、医药、材料、信息、国防安全等，是未来生物产业的核心驱动力，对促进人类健康事业发展，推动社会发展与进步具有重要的意义。

如今，基因技术产业链已经初步形成，基因技术在未来的基因医疗、合成生物、基因育种和基因专用仪器设备制造中必将发挥更大、更好的作用。

四、未来网络

中国工程院院士刘韵洁在第六届未来网络发展大会上说："未来网络，是更快捷、更便宜、更安全的下一代互联网，以用户为中心，让上网的人感觉更好。"

当下的时代正在孕育新一轮的产业变革，而网络信息技术就是这场变革的先导力量。通过全息影像"见面"、在千里之外做手术、用无人机将商品配送到家……很多关于未来的畅想都亟待未来网络来支撑和实现。5G网络方兴未艾，6G未来网络的研究和部署已经展开。工业互联网、车联网、能源互联网、智慧医疗、智慧矿山、智慧港口……未来网络的应用场景越来越多，可以预见，未来的智慧社会、智能社会将以未来网络为依托，未来网络将为人们的出行、就医等提供更多的便利。

五、深海空天开发

在古代，人们通过幻想来表达对"上天入地"的渴望，而在今日，旷远的宇宙、深邃的海洋中都已经留下了人类的足迹，人们实现了遨游九天的梦想，这都依赖于现代深海空天开发技术的发展。

深海空天开发是利用海洋、航空、航天技术所开拓的特殊条件和活动空间所进行的科学探索、技术开发和应用活动。自人类进入宇宙、海洋以来，深海空天开发就逐渐成为世界各国开展政治、经济、军事、科技竞争的关键，深海空天开发技术的发展水平代表着一个国家在多个方面的综合实力。未来，这种竞争依然存在，空天信息及装备、深海工程装备、深海资源开发与生态保护等依然是科技探索的重要方向。

六、氢能与储能

能源是国家发展与崛起所需的重要资源，随着石油、天然气等不可再生能源危机的出现以及全球气候变化的加剧，国际能源结构开始转型，人们探索新型清洁、绿色、高效、安全能源的脚步也逐渐加快。氢能与储能主要是面向未来能源与绿色低碳转型的清洁氢能、新型储能和下一代清洁能源，是对未来二次能源体系中电能的重要补充，也是未来国家能源体系的重要组成部分。绿色氢能的开发与利用不仅是全球应对气候变化的重要途径和能源变革的重要方向，也将成为世界各国开展能源技术与产业竞争的焦点。

氢能来源广泛，在未来的交通、工业、建筑等领域都可以发挥重大作用，我国"十四五"国家重点研发计划将氢能技术列为重点专项。未来，氢能的发展将聚焦绿氢制备与储运、新型储能、清洁能源开发利用等细分方向。

欣赏美

对科技的人文反思

现代科技的伟力，造就了诸多看似不可思议的事物。

最大起飞重量为640吨的安-225运输机，在6台涡扇发动机的推动下飞上蓝天；詹姆斯·韦布空间望远镜在地球外侧约150万千米处的日地拉格朗日L2点，观测着无垠的宇宙；"蛟龙号"载人深潜器下潜到7062米的深海，探索未知的海底世界；"祝融号"巡游火星，揭示火星乌托邦平原浅表分层结构；"中国天眼"观测宇宙，发现世界首例持续活跃的重复快速射电暴……科技，不断突破人类认知的极限，使"人的力量"不断发展强大。

但科技的发展像是一把双刃剑，人类使用科技创造更好的生活，同时面临因科技催生的环境、伦理、隐私等问题。科技创造文明，也可能摧毁文明，在经历了科技的繁荣和科技导致的诸多问题后，人类也需要进行审慎的反思：我们如何规划科技的明天？

感悟： 科技的发展让人类对世界的探索不断深入，让人们的生活越来越智能和高效。但在坚持科技发展的同时，我们也要关注科技与其他领域的平衡，包括科技与资源、科技与伦理等，让科技为人服务，而不要让人被科技制约。

⭐ 体验美

参观线上科技展

科技进步有何意义？

愚公移山、精卫填海这些寄托着人类美好幻想的故事，在今天都可以通过科学技术成为现实。科学技术极大地改造了人类的生活环境，我们能生活在高楼大厦之间，使用电子设备进行休闲娱乐，购买琳琅满目的商品，都要归功于先进的现代科技。

通过网络搜索与科技相关的线上展览，例如"清华大学数字博物馆"中的数字展厅、"中国科学技术馆"中的数字馆等，以线上参观展览的形式，了解科技的发展变化和科技对人类美好生活的意义，感受人类的智慧之美、创造之美、精神之美，科技的理性之美，以及科技所映射的人文之美。

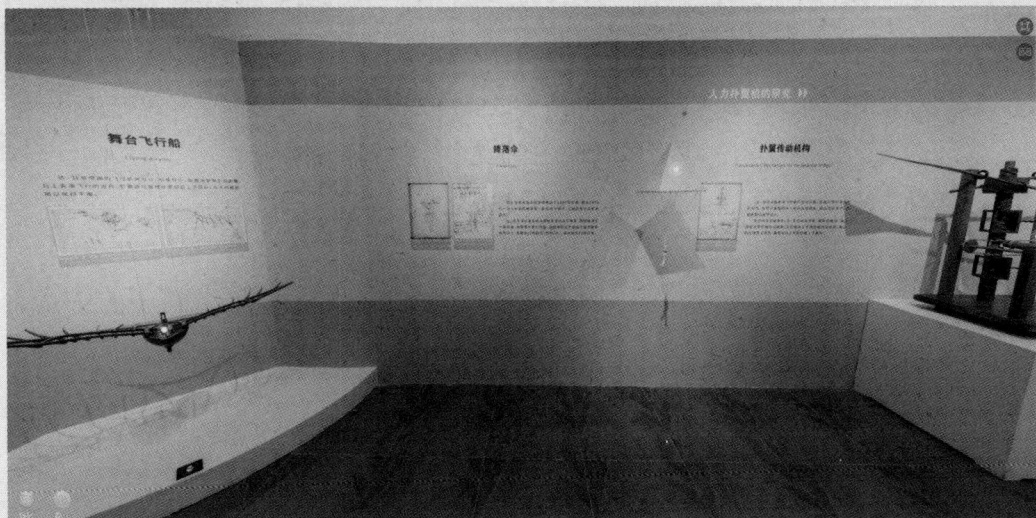

达·芬奇的飞行与工程机械展（线上展览截图）

⭐ 创造美

创新设计，旧物改新

回顾历史，人类的每一次重大创新都会推动社会的飞速进步，而实际上，每一次重大创新几乎都是在无数的小创新中积累起来的。创新并不是天才的专利，人人皆是创新之人。创新不必等待契机，时时皆是创新之时。创新也不分身在何地，处处皆是创新之处。我们要学会培养科学精神，锻炼创新能力，从实践中体会创新的乐趣。

1. 活动目的

在我们的生活中，随处可见科技创造的美。我们可以尝试认识、改造、完善这种美，亲身体验科技创造的魅力，加深对科技之美的理解。

2. 活动形式

全班同学分为若干小组，各小组6～8人。每个小组选择一件生活、学习、工作中常见的物品，从科技、创新的角度对其进行改造，使其具备更完善、更人性化的功能。在改造简单物品时，可以直接动手制作。如果要改造复杂物品，或改造过程较烦琐，则可绘制改造概念图（可手绘，也可尝试人工智能绘画），同时注明改造是为了实现什么目的，需要运用哪些技术。

改造完成后，制作PPT、视频等，将自己的成果与同学们分享。

3. 活动要求

（1）请同学们积极参与活动，并做好小组分工。

（2）尽量使用可回收材料、废弃材料等完成旧物的改造。

（3）改造过程中，小组成员应多思考、多提想法、多查阅资料。

（4）活动结束后，可总结心得体会，记录自己的活动收获。

项目七
发现劳动美

　　大地传奇万里长城、海洋奇观港珠澳大桥，平地而起的万丈高楼，欣欣向荣的科技城市，高速发展的交通网络，蒸蒸日上的美好生活，这些都是由劳动创造的。劳动创造世界，让黄土成绿地，让荒漠变良田，从古至今的人们在劳动中发现了更广阔的天地，在劳动中创造价值、传播精神。

　　正所谓"雁美在高空，衣美在绿丛，话美在道理，人美在劳动"，人因劳动而美丽，梦想之花因劳动而盛开，这就是最朴实的劳动美。

　　我们世界上最美好的东西，都是由劳动、由人的聪明的手创造出来的。

——马克思

发现美

寻找最古老的职业

世界上最古老的职业是什么？

谈到这个问题，我们就不得不思考，人类在诞生之初需要什么？当人感到寒冷，他需要衣服、房屋；当人感到饥饿，他需要采摘、狩猎；当人感到疼痛，他需要包扎、治疗；当人感到喜悦，他可能会舞蹈、歌唱、绘画；当人想要装扮自己，他可能会制作各种项链、羽冠。

于是，制衣的裁缝、建房屋的匠人、狩猎的猎人、治病的医生、各种艺术家，以及手工艺人，就在时间长河里慢慢出现。

北京的山顶洞遗址、辽宁海城的小孤山遗址等地曾出土管状的骨针，远古人类用骨针缝制兽皮、串联饰物，或许裁缝就因由这枚骨针而诞生。印度尼西亚苏拉威西岛上的一处石灰岩洞穴中，绘制着约43900年前的远古狩猎场面，或许猎人就从这场狩猎中诞生。

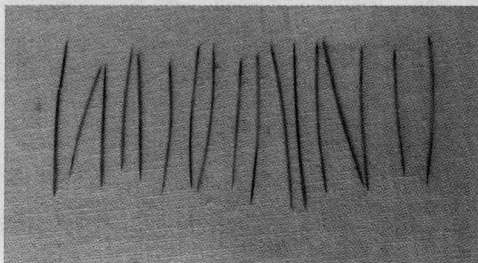

骨针

远古狩猎图

当然，远古社会虽然孕育了职业的雏形，却还没有职业的划分，直到人类文明出现，职业才逐渐形成。

《吕氏春秋·勿躬》记载："大桡作甲子，黔如作虏首，容成作历，羲和作占日，尚仪作占月，后益作占岁，胡曹作衣，夷羿作弓，祝融作市，仪狄作酒，高元作室，虞姁作舟，伯益作井，赤冀作臼，乘雅作驾，寒哀作御，王冰作服牛，史皇作图，巫彭作医，巫咸作筮。此二十官者，圣人之所以治天下也。"意思是，黄帝时期，大桡创造六十甲子记日，黔如创造虏首计算法，容成创造历法，羲和创造计日的方法，尚仪创造计月的方法，后益创造计年的方法，胡曹创造衣服，夷羿创造弓，祝融创造市肆，仪狄造酒，高元造房屋，虞姁造船，伯益造井，赤冀造春米的臼，乘雅发明用马驾车，寒哀发明驾车的技术，王亥发明驾牛的方法，史皇创造绘画，巫彭创造医术，巫咸创造占卜术。这20个人正是圣人治理天下的依靠。

在远古先民创造的这20个职业中，许多职业直到今天依然是社会的重要组成部分。

职业自劳动中诞生，从远古先民为了生存、生活而不断进行劳动创造之时起，劳动这一行为就已经深深刻入了人类的基因。

★ 探索美

✿ 探索目标

1. 了解古今行业的变迁与贡献,感受行业的历史与文化。
2. 认识职业的分工与作用,提升职业素养。
3. 认识奋斗的意义和内涵,在奋斗中提升自己。

✿ 美美与共

认识劳动的本质,领会劳动的价值,学习劳动的精神,汲取中华传统文化中的优秀劳动元素,用辛勤的劳动、诚实的劳动创造美好的生活。

任务一 感受行业之美:行行出状元

宋代汪洙曾言:"万般皆下品,惟有读书高。"古代社会的教育是稀缺资源,读书人十分稀少,因此古人赋予读书崇高的地位,称科举考试第一名为"状元"。然而仅仅依靠读书,并不能支撑一个庞大的国家的正常运转,那些为国家生产物资、提供服务的人,才是国家运行的基石,因此后来人们说:"三百六十行,行行出状元。"行业是社会分工的必然结果,每一个行业对社会的发展都有不可忽视的作用。我们可以探索各行各业对社会的意义和贡献,从而领会不同行业所呈现的不同的美。

一、行业的变迁

自社会分工出现后,行业就在不断地出现,并逐步细分。唐代时,人们用"三十六行"来统称社会主要行业。宋代周辉的《清波杂录》中记载了唐代的"三十六行":"肉肆、宫粉、成衣、玉石、珠宝、丝绸、麻、首饰、纸、海味、鲜鱼、文房用具、茶、竹木、酒米、铁器、顾绣、针线、汤店、药肆、扎作、仵作、巫、驿传、陶土、棺木、皮革、故旧、酱料、柴、网罟、花纱、杂耍、彩兴、鼓乐和花果各行。"

后随着社会的不断发展,宋代时,"三十六行"增至"七十二行"。元代时,"七十二行"又转为"一百二十行",关汉卿的《杜蕊娘智赏金线池》中就写道:"我想一百二十行,门门都好着衣吃饭。"

到了明代,"一百二十行"又增加至"三百六十行",明代田汝成在《西湖游览志余》中记载:"杭州三百六十行,各有市语也。"

不管是三十六行,还是三百六十行,其实都是对行业的统称。徐珂在《清稗类钞·农商类》中说："三十六行者，种种职业也。就其分工而约计之，曰三十六行；倍之，则为七十二行；十之，则为三百六十行。"可见"三十六"为虚数，而非具体数值。

改革开放以后，我国市场经济飞速发展，社会分工和社会职能进一步细分。依据《国民经济行业分类》（GB/T 4754—2017），我国的行业分类共包含门类20个，大类97个，中类473个和小类1382个。其中，20个门类包括农、林、牧、渔业，采矿业，制造业，电力、热力、燃气及水生产和供应业，建筑业，批发和零售业，交通运输、仓储和邮政业，住宿和餐饮业，信息传输、软件和信息技术服务业，金融业，房地产业，租赁和商务服务业，科学研究和技术服务业，水利、环境和公共设施管理业，居民服务、修理和其他服务业，教育，卫生和社会工作，文化、体育和娱乐业，公共管理、社会保障和社会组织，国际组织。

从模糊、散乱到精细、规模化，行业的变迁正印证了社会的进步与发展。旧的行业消失，新的行业诞生，虽然行业持续发生更替，但我们也可以从不同时代的行业中窥探各时代的风貌、特点，乃至生活，这也是行业美之所在。

二、行业的贡献

曾有人问：有没有哪一个行业不是我们生活中所必需的？答案当然是没有。每一个行业在社会中都有着不可替代的价值，人们的衣、食、住、行、用都依赖于各行各业的支持。行业就像社会这个巨大机器的铆钉，缺少一颗，社会就会发生故障，无法运行。社会分工细化，行业门类众多，这里主要以几个常见行业为例，探讨行业的贡献与价值。

1. 农、林、牧、渔业

农、林、牧、渔业是古老的行业，早在远古时期，人们就已经在进行种植、畜牧和捕捞活动。到了今日，农、林、牧、渔业依然是我们生活的基石，也是国民经济的基础产业。农业栽培作物，林业维护生态，牧业饲养动物，渔业捕捞水产。农、林、牧、渔业给人们提供丰厚的食物资源，保障人们的口粮供应，同时也维系着国家的安全、政治的稳定、经济的发展和社会的和谐。

视频：古代的"进口"蔬菜

2. 采矿业

采矿业是通过开采自然资源，为其他行业提供资源的行业，如煤炭开采、石油开采、食盐开采、天然气开采等。采矿业是国民经济的基础和支持产业，也是推动社会发展的重要产业。夏商周时期，人们开采铜、锡等矿物以冶炼青铜，推动了青铜冶炼技术的发展，将中华文明带入了璀璨的青铜时代。工业革命时期，人们开采煤炭、石油等矿物，为机器提供燃料，使人类进入工业文明时期。到了现在，芯片、锂离子动力电池等高新技术产物依然以各种矿物为生产原料。除此之外，我们穿的衣服、吃的食物、出行所用的车辆，乃至国家的安全，都与矿物资源密切相关。采矿业对社会、对人类的贡献和重要性不言而喻。

当然，时代在发展，采矿业也在发展，目前我国致力于发展节能科技和对低碳清洁能源进行开发与利用，采矿业也以创新、智能、协调、绿色为发展理念进行转型升级。

智慧农业

智能恒温滴灌和立体无土栽培模式，是运用现代科技进行农业生产种植的智慧农业模式。

智慧矿山

通过搭建智能化矿山集控中心，进行煤矿开采作业，远程操控无人单轨吊。

3. 制造业

制造业是利用各种资源，按照市场要求，通过制造过程，制造大型工具、工业品与生活用品的行业。人们生活、工作、学习所用的各种器具、工具几乎都依靠制造业获得。制造业体现着一个国家的生产力水平，只有制造业发达的国家，才能成为经济强国，人民才能享受更美好便捷的生活。我国制造业自改革开放以后便飞速发展，20世纪兴起的核技术、空间技术、信息技术、生物技术等新技术的发展，也以制造业为基石。因为发展制造业，我们建造了高铁网络，建造了航空母舰，建造了巨型客机，建立了空间站。

现在，我国制造业规模跃居世界第一，未来，我国的制造业将向着智能化的方向继续发展。《"十四五"智能制造发展规划》明确指出，到2025年，规模以上制造业企业大部分实现数字化网络化，重点行业骨干企业初步应用智能化；到2035年，规模以上制造业企业全面普及数字化网络化，重点行业骨干企业基本实现智能化。

4. 建筑业

建筑业也是一门古老的行业，房屋建设、土木工程、设备安装、工程勘察设计等都属于建筑业的范畴。建筑业建造了房屋、工厂、桥梁、铁路、港口和其他各种公共设施，为人们营造了更舒适的生活环境，让人们得以享受便捷美好的生活。同时，建筑业的发展对促进国民经济的发展也有十分重要的意义。

视频：古代宫殿

5. 交通运输、仓储和邮政业

古时的车马很慢，人们寄信寄物耗时耗力，现在的"车马"很快，或许两三天，或许一天，信件、物品就可以跨越祖国的南北，来到收件人手中。这样的效率、便利性就是交通运输、仓储和邮政业带来的。交

视频：古代人如何出行

通运输、仓储和邮政业是保障社会生产、文化繁荣、国防安全的重要行业，各种物资都要靠这一行业完成流转。交通运输、仓储和邮政业也是现代社会的生存基础和文明标志，正所谓"要致富，先修路"，社会的发展、人民的富足正是在四通八达的运输网络中，由车载来，由船载来，由飞机载来的。

城市建筑

交通网络

6. 信息传输、软件和信息技术服务业

现在的社会是信息社会，在信息技术不断发展的推动下，各行各业都在向信息化、数字化的方向转型升级，大数据、云计算、物联网等新的信息技术的应用正在各行各业中落地生根，带动产业的创新发展，同时也将人们带入信息化的新生活，网络购物平台、社交媒体、智能家居等都是信息化生活的代表。

信息传输、软件和信息技术服务业是诞生于现代社会的特色产业，也是国家的重要战略性新兴产业，其对加快经济发展方式的转变、促进产业结构的调整、提高国家的国际竞争力具有重要意义。

7. 金融业

金融业是随着商品经济的出现和发展而诞生的产业，包括银行业、保险业、信托业、证券业、租赁业等。金融业是社会经济生活的命脉，各组织、单位的生产运营，千家万户的日常生活，国家、地方的基础建设，乃至世界各国的经济交流，都离不开金融业的支撑。在我国社会主义经济不断发展的情况下，金融业在国内和国际交往中的作用也越来越大，特别是在全球化进程加快的当下，金融业不仅在国民经济中处于牵一发而动全身的地位，在国际金融市场的交流与合作中也发挥着重要的支撑作用。

8. 服务业

服务业是我国的第三大产业，是与人们生活息息相关的产业，从广义上来说，商业服务、通信服务、销售服务、教育服务、金融服务、社会服务、旅游服务、运输服务等都属于服务业的范畴。可以说，人们良好生活品质、生活环境的维持及生活需求的满足都需要以服务业为支撑。在全球经济一体化逐渐深化的过程中，国家要想在国际上占有优势，就必须提升自身的经济水平，大力发展高新技术、制造等行业，而提高服务水平就是各行各业提升竞争力的关键，服务业对国民经济的增长意义重大。

9. 教育

教育是国之大事。百年大计，教育为本。教育培育人才，传承文明，点亮国家与民族的未来。教育促进知识的传播、升级，促进科学和技术的发展，促进个人素质能力的提升和社会的文明进步。一个国家的文化发展、经济发展都离不开教育的支持，社会政治的稳定、个人的美好生活同样需要教育来支撑。

时代不断向前发展，教育资源的竞争、人才的竞争已成为国际竞争的关键，在实现"两个一百年"奋斗目标的当下，我国更应重视教育，培养更多社会、国家和时代需要的人才。

任务二　体会职业之美：职业的崇高

"春蚕到死丝方尽，蜡炬成灰泪始干。"春蚕以吐丝为一生之业，蜡烛以燃烧为一生之业，它们用一生完成一件事，其精神让人们有所触动，因而古人写诗赞美它们。人也有自己的一生之业，也就是职业。职业贯穿人生的大半路程，让人们得以探究"生存的意义"，也让人得以实现人生梦想与价值。我们可以探索职业的分工，领会不同职业之美，感受职业与人生的联系，体味职业的作用与意义。

一、职业只有分工

旧时，人们常以"三教九流"来形容人的地位和职业划分。事实上，早期的三教指儒教、佛教、道教，九流指先秦至汉初的九大学术流派，即儒家、道家、阴阳家、法家、名家、墨家、纵横家、杂家、农家。后来，我国有了"三教九流五行八作"的说法，致使"三教九流"有了区分各色人物和行业的含义。

受限于社会环境，古人以职业区分贵贱。到了当代社会，职业只有分工，不再有高低贵贱之分。《中华人民共和国职业分类大典》将我国职业分为大类8个、中类79个、小类449个、细类（职业）1636个，其中8个大类包括党的机关、国家机关、群众团体和社会组织、企事业单位负责人，专业技术人员，办事人员和有关人员，社会生产服务和生活服务人员，农、林、牧、渔业生产及辅助人员，生产制造及有关人员，军队人员，不便分类的其他从业人员。

职业分类是结合社会职业发展的实际状况，对社会职业进行的系统划分与归类。职业分类可以适应并反映经济结构和产业结构的变化，社会结构和就业结构的变化，以及人力资源开发管理和人力资源的优化配置，因而客观、科学地规划职业，对开展职业教育培训和人才评价、增强从业人员的社会认同感、促进就业创业、引领职业教育培训改革、推动经济高质量发展等都具有重要意义。

二、不同职业有不同的美

在我们的一生中，职业占据着非常重要的地位。我们成年或完成学业后，就需要选择自己的职业，去寻求自己的未来。而职业之美，正是在我们寻求的职业之路中体现出来的。

职业是人生的重要组成部分，人们需要职业提供的平台发挥才华和技能，创造自我价值，实现个人抱负，获得个人成就感和满足感。人们需要通过职业来成长和提升自我，去解决问题、提供服务、开发产品，获得影响力，对社会和他人产生积极的影响，赢得社会的尊重和认可。人们需要职业获得报酬，为个人和家庭创造更好的生活条件。人们也需要通过职业中的互动与合作，建立良好的人际关系，完善自己的人际关系网。

职业让人收获美好的生活、社会的认可和更好的自己，这是职业最本质的美。然而在职业成就人的同时，人也在成就着职业。

有的人救死扶伤，拯救生命，给予人们健康和希望，从而赋予医生这一职业以崇高。有的人教书育人，传道授业，引导学生探索未来，从而赋予教师这一职业以神圣。有的人用想象力触动、启发和娱乐他人，创造感性世界，从而赋予艺术家这一职业以美丽。有的人关心弱势群体，为需要的人提供援助和支持，从而赋予社会工作者这一职业以无私。有的人应用科学和技术知识，推动科技进步，改善人们的生活，从而赋予工程师这一职业以专业。有的人面朝黄土，为人类提供食物和生存的希望，从而赋予农民这一职业以勤恳。

任何一位劳动者，都用自己的本领、技术，在职业生活中创造价值、展现风采，也正是人的思想、精神、作风中闪耀的光辉，让普通的职业变得不再平凡。

🌸 欣赏美

最美奋斗者

2019年，为隆重庆祝新中国成立70周年，党中央开展"最美奋斗者"学习宣传活动，以讴歌各地区、各行业、各领域涌现出来的先进人物。这些"最美奋斗者"个人和集体中，既有基层优秀党员干部，也有做出重要贡献的各行各业代表人士，还有在平凡的岗位上创造出不平凡业绩的工人、农民、知识分子、干部和其他各界人士，以及人民解放军指战员、武警部队官兵、公安干警、消防救援队伍指战员等。

懂行的技术工人巨晓林，"索道医生"邓前堆，回国发展中国羽毛球运动的王文教，一生躬耕于中学语文教学事业的于漪，给飞机做"体检"的岳秋波，实现中国飞天梦的"嫦娥""神舟""北斗"团队……这些"最美奋斗者"个人和集体能在各自的岗位上创造出非凡的业绩，均源自他们对自己职业的认可，对劳动的崇尚和尊重，他们不懈努力，既实现了个人的人生价值，又对社会的进步和发展做出了重要的贡献。

感悟：每个人的价值观不同，对于职业的追求也不同，有些人追求物质，有些人追求自由，有些人追求梦想，有些人想要关注那些需要帮助的人。因此职业之美也因人而异，个人只有热爱、认同自己的职业，才能真正发现职业之美。

任务三　感悟奋斗之美：人生的基石

江曾培说："劳动是人的特有权利，也是最能体现人生价值的所在。"诚然，从"人猿相揖别"开始，人类就在通过劳动改造自然，人类的历史就是在劳动中诞生并传承下来的。人类用劳动创造了文明，又在劳动中增长才智、强健体魄。无论是房屋、农田等物质文明，还是技艺、思想等非物质文明，都是通过劳动来传承的。因而我们需要认识劳动的意义，感受劳动的价值，积极参与劳动实践，艰苦奋斗，以成就更好的人生，创造更美的社会。

一、劳动创造美好生活

《现代汉语词典》（第7版）将劳动解释为"人类创造物质或精神财富的活动"。达·芬奇说："荣誉在于劳动的双手。"从古至今，人们都赋予了劳动崇高的地位，因为人们生活的世界、人们的未来，都是由劳动创造的。

中华民族的文化和传统中有着深厚的农耕精神，人们需要通过耕种、养殖等劳动才能实现丰收。近代中国一度远远落后于西方国家，也正是几代人通过辛勤的劳动和无私的奉献，换来了国家几十年经济的快速发展，让中国以令人不敢置信的速度屹立于世界强国之林。

欣赏美

我国高速发展的几十年

作为世界上最大的发展中国家，中国在过去几十年的经济增长被视为世界上最引人注目的奇迹之一。

20世纪80年代初期，我国汽车的时速只有30千米左右，通车能力大、行车速度快的高速公路全都建在美国、法国、英国、加拿大等发达国家。20世纪90年代，国家把交通运输业作为经济发展的战略重点，我国高速公路建设用10多年便走过了发达国家用半个世纪走过的历程。此后30年，我国高速公路建设突飞猛进，通车总里程居世界第一，发展速度居世界第一，增长幅度之大可谓世界罕见。

改革开放以后，我国制造业也踏上了飞速发展之路。起初，各种代加工工厂、纺织制造工厂、日用百货生产企业、食品与包装企业等劳动密集型企业如雨后春笋般涌现出来。20世纪80年代中叶，我国逐渐有了自己的消费品名牌。21世纪初，中国制造业融入世界，"中国制造"闻名全球。随着我国产业结构的调整和升级，我国中高端制造业不断崛起，2017年，我国制造业增加值占世界比重超过1/4，相当于美国、德国、日本所占比重的总和。近年来，我国实现了高端装备制造业飞速发展，培育了众多智能制造企业，形成了专业化智能制造产业集群，成为名副其实的制造大国。

> **感悟：** 国家的发展来源于人民的辛勤劳动。我国人民自古就明白，天下没有不劳而获、坐享其成的好事，美好的人生都要靠自己奋斗。正是这不懈的奋斗与拼搏精神，造就了中国速度、中国规模。

中华民族是以勤劳著称的民族，《礼记·中庸》记载："人一能之，己百之；人十能之，己千之。"意即他人一次就能做到，我反复做百次，他人十次就能做到，我反复做千次，从而以勤补拙。《后汉书·列传·张衡列传》记载："人生在勤，不索何获。"意即人的一生在于勤奋，倘若不努力探索，哪会有收获呢？唐代文学家、思想家韩愈也曾说："一勤天下无难事。"

自古以来，中华民族就将勤劳刻在了民族的血液和基因里，将其一代一代传承下来，才创造了璀璨的中华文明。直到现在，我们依然尊敬勤奋的劳动者，依然强调劳动最光荣、劳动最崇高、劳动最伟大、劳动最美丽。

如今的社会，科学技术日新月异，劳动的内容、形式、范围发生了很大的变化，劳动不再局限于物质生产，还扩展到精神文化生产领域，手工劳动、科技劳动、创业劳动等都是劳动的内容和形式。虽然劳动的内容会发生变化，但劳动的意义、劳动的价值不会改变，我们生活所需的物资、我们追求的精神财富，都要依靠劳动而获得，美好的生活依然来源于辛勤的劳动。

二、用生活劳动提升自己

生活劳动是人们在日常生活中进行的各种劳动，主要是为了满足个人和家庭的基本需求。生活劳动是我们从小就接触的劳动，如洗衣做饭、叠衣叠被、扫地擦窗、整理杂物……我们想要生活在整洁、干净、令人愉悦的环境中，就必须付出劳动。

生活劳动可以保持家庭环境的整洁和卫生，满足家人的基本生活需要，可以满足家人的生理和情感需求，为家人提供舒适和安全的居住环境。生活劳动也可以培养人们的自理能力、独立能力和解决问题的能力，提升人们的自信心和成就感，让人们更好地应对生活中的挑战。生活劳动还可以使人们培养勤劳、负责、合作、分享、关爱等价值观念，体会劳动的辛苦和价值，更懂得珍惜劳动成果，形成积极向上的人生态度。同时，通过生活劳动，人们可以发现生活的细节之美，增加生活的乐趣和满足感，实现心灵上的富足。

试想，在一个阳光明媚的清晨，做一顿早饭，煮一壶热茶，对房间进行一次大扫除，待窗明几净，再斟茶慢饮，闻满室暗香浮动，享受心灵的安静和愉悦，何尝不是人生美事？这也正是生活劳动的美之所在。

三、用社会劳动锻炼自己

社会劳动是生活劳动和生产劳动之外的、服务于社会大众的劳动，如公益活动、社区劳动、义务劳动等。社会劳动是有助于人们探索人生价值和生活理念的劳动形式，在参与社会劳动的过程中，人们能够更好地认识国情、了解民情、增长才干、奉献社会、锻炼毅力、培养品格。同时，人们参与社会劳动，便可以以亲身体验和感受的形式，增强个人的实践能力，逐步培养劳动习惯、劳动态度和劳动品质，使自己在德、智、体、美、劳等方面全面发展。另外，社会劳动可以增强人们的责任感和使命感，在参与社会劳动的过程中，人们能够贴近社会、贴近现实、贴近群众、贴近生活，能够发现并理解自身对集体、对组织、对社会的作用，也能发现许多社会需求，从而进一步增强自己作为社会公民的责任感和使命感。

欣赏美

最美劳动者

从1985年开始，为了奖励在社会主义各项建设事业中做出突出贡献的职工，全国总工会设计并颁发了我国工人阶级最高奖项之一——全国五一劳动奖章。该奖章每年颁发一次，颁发对象包括工业交通、基本建设、农林水利、财贸金融、文化、教育等各行各业的职工。

30多年来，无数劳动者在时代的河流中砥砺前行，奏响激荡人心的奋斗强音，他们有的扎根在生产和研发一线，有的在高水平科技前沿阵地勇攀高峰，有的积极承担"急、难、险、重"攻关任务，有的通过技术创新大幅降低生产线工位工时……他们爱岗敬业、争创一流、艰苦奋斗，为绘制中华民族伟大复兴的宏伟蓝图贡献了宝贵的力量。

"核电站的心脏搭桥师"未晓朋，用"超人"的体能，蜷缩于90厘米的主管道，在50摄氏度的高温下，用固定姿势焊接10小时，他用深厚的理论知识和一手不藏私的绝活，深度诠释了劳动者的专业、执着、智慧与无私。

坚守平凡岗位的高速公路收费员黄海艳，践行"用心微笑、真诚服务"的微笑服务理念，不仅成为高速公路收费窗口的美丽风景线，也诠释了劳动者的周到、细致与耐心。

这些劳动模范是众多劳动者的代表，也是时代浪潮中的珍珠，他们发扬了崇尚劳动、热爱劳动、辛勤劳动、诚实劳动的劳动精神，成为时代的鲜明注脚。

感悟：从"晨兴理荒秽，带月荷锄归"到"千淘万漉虽辛苦，吹尽狂沙始到金"，古往今来，中华民族对劳动的赞美绵延不绝。热爱劳动是全人类的共识，只有将劳动者的智慧播撒于大地，才能创造出美好的未来。

四、用职业劳动成就自己

鲁迅曾说："伟大的成绩和辛勤劳动是成正比例的，有一分劳动就有一分收获，日积月累，从少到多，奇迹就可以创造出来。"这句话揭示了个人职业成功的关键因素——劳动。职业是我们人生的重要组成部分，个人成年或完成学业以后，就会步入职场，在职场中通过劳动来获取报酬，创造价值，成就人生。个人在职业生涯中的最终成就与收获，与劳动息息相关。

职业劳动是指个人以某种职业身份、专业技能或技术能力为基础，通过与雇主签订劳动合同，并以获取薪酬为目的，从事各种工作或职业活动的过程。职业劳动是为了满足个人自身生活需求、实现个人价值和为社会做贡献而进行的劳动，从事医生、律师、教师、工程师、销售员、服务员等各个职业的工作都属于职业劳动。

职业劳动是推动经济发展的基础。通过职业劳动，人们为企业和组织提供各种产品和服务，不断推动社会生产力的提高，促进经济增长和社会进步。职业劳动也为个人提供经济收入，通过职业劳动，个人可以获得各种物质报酬，从而支持个人及家庭的生活消费。同时，职业劳动还是个人获得社会尊重、认可的重要途径，人们从事各种职业劳动，为社会的发展做出不同的贡献，促进了技术的进步和社会的变革，推动了社会向更高水平发展。

总而言之，人类社会的不断进步就是在"三百六十行"的劳动者们共同的推动下进行的，是所有劳动者的职业劳动将人们的生活推向了更美好的明天。

欣赏美

生逢盛世，肩负重任

1840年，西方用坚船利炮轰开了晚清闭关锁国的大门，中华民族由此陷入一段黑暗时期。为了驱散黑暗，挽大厦于将倾，各不同阶层、不同立场的中国人开始为国家寻求出路。

从洋务运动到戊戌变法，从经济领域到政治领域，近代中国不断探索崛起之路。直到五四运动，千百万个"新青年"觉醒，不同社会阶层觉醒，日本侵略者的侵华战争激发了国人的民族意识和反抗斗志，亿万民众组成了全民族抗战的汪洋大海，他们为抗战的胜利、新中国的成立撒下了一抔土，筑造了一块砖，让多年风雨飘摇的中国逐渐站立了起来。

新中国成立之初，便开始探索社会主义现代化道路。这是一条不同于西方国家的、深度结合中国国情的现代化之路，也是属于中国自己的路，这条路让一个拥有5000多年文明、14亿人口的超级大国，实现了经济的腾飞。

沉睡的东方巨龙终于觉醒，它睁开眼睛，站起来，强大起来。在此期间，正是一代代拼搏向前的劳动者不断给它以力量。

感悟： 每一代人有每一代人的使命，每一代人有每一代人的责任，如今的我们生逢盛世，更应该学习前辈的精神，接下他们的重托，扎根劳动的土地，履行自己的使命，为实现中华民族的伟大复兴而努力奋斗。

体验美

从《大国工匠》中学习平凡劳动者不平凡的劳动精神

一个国家在短短几十年间突破重重困境，从一个经济弱国发展成经济强国，依仗的是什么？有人说，它依仗的是学习。

古话说："三百六十行，行行出状元。"不论干哪一行，我们只要热爱本职工作，肯学习、肯钻研，往往就能取得优异的成绩。新中国成立后，在国家一度落后的局面下，无数劳动者在平凡的岗位上孜孜以求，不断追求职业技能的完美和极致，正是这样的精神促成了中国的快速发展。

请同学们搜索《大国工匠》（或《制造时代》《大国重器》《中国建设者》等），观看纪录片，看一看奋斗在自己岗位上的劳动者如何创造大国奇迹，感受他们朴实而伟大的劳动精神，向平凡而伟大的劳动者们致敬。

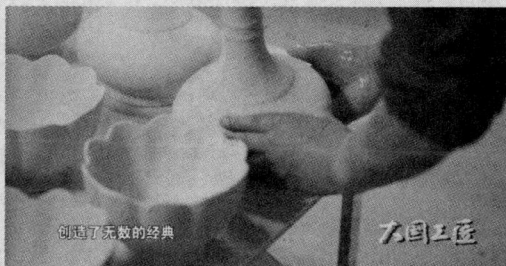

《大国工匠》（纪录片截图）

★ 创造美

做一天劳动者

劳动的双手，缔造劳动的神话，正是平凡而伟大的劳动者们不断开拓创新、辛勤耕耘、专注坚守，才有了我们今天的美好生活。让我们做一个劳动的先遣者，做一个劳动的实践者，通过劳动的双手创造我们自己理想的人生。

1. 活动目的

理解劳动本质，参与劳动实践，领会劳动精神，感悟劳动之美。

2. 活动形式

任选一种劳动形式，做一天劳动者，可以选择参与家务劳动、校园劳动，或参与社会实践劳动，也可完成一件自己计划做、想做却一直没做的事情。

在开始劳动前，可以先制订一个劳动计划，规划自己这一天的劳动内容、劳动时间等。如果劳动内容较多或较复杂，你也可以与其他同学组成劳动小组，共同制订劳动计划。

3. 活动要求

（1）请同学们积极参与活动，完成劳动计划。

（2）劳动过程中注意安全，包括设备使用安全、操作安全、消防安全等。

（3）活动结束后，可总结心得体会，记录自己的活动收获。

项目八
发扬社会美

　　我们生活在人与万物一体的世界，这是有生命的世界，也是充满意味和情趣的世界。海的壮阔、林的青翠、石的奇特、水的晶莹，还有无限令人惊奇的生命……万物赋予这个世界独特的艺术魅力，让这个世界缤纷美丽、多姿多彩。

　　而人，则创造了这个世界的文化内涵，让"社会"这一人类生活的产物闪耀着灿烂的光彩。人的精神、气质、风度、情操与社会的规则、制度共同造就了一个大美的世界，让美深入思想、文化、情感、行为等层面，变得更深邃，也更博大。

　　当美的灵魂与美的外表和谐地融为一体，人们就会看到，这是世上最完善的美。

——柏拉图

发现美

寻找理想国

古往今来，无数人对理想国进行了构思和探索。

但什么才是理想国呢？

柏拉图心中的理想国是一个充满了正义的城邦，它要以人的天性和智慧引导统治，要通过法制和教育来培养勇敢、智慧、节制、正义之人。

托马斯·莫尔心中的理想国是一个美丽的乌托邦，在这个乌托邦中，财产是公有的，人民是平等的，人人按需分配，丰衣足食，和睦相处。

孔子心中的理想国则是："大道之行也，天下为公。选贤与能，讲信修睦，故人不独亲其亲，不独子其子，使老有所终，壮有所用，幼有所长，鳏、寡、孤、独、废疾者皆有所养，男有分，女有归。货恶其弃于地也，不必藏于己；力恶其不出于身也，不必为己。是故谋闭而不兴，盗窃乱贼而不作，故外户而不闭，是谓大同。"

在大道施行时，天下为人们所共有。人们选贤任能，诚信和睦，不仅奉养自己的父母，抚育自己的子女，还要让老人能够颐养天年，壮年能够为社会效力，孩子可以健康成长，鳏寡残弱之人能得到社会供养，男子有职务，女子有归宿。人们路不拾遗，大公无私。因此奸邪之谋不会发生，盗窃之事不会发生，大门也不用关闭，这就是天下大同的理想社会。

《资治通鉴》中也记载了唐太宗的治国之道："……去奢省费，轻徭薄赋，选用廉吏，使民衣食有余……自是数年之后，海内升平，路不拾遗，外户不闭，商旅野宿焉。"意即通过节省开支、轻徭薄赋、选贤任能，让人民衣食无忧……几年之后，天下太平，人人不把掉在路上的东西据为己有，夜晚也不用关闭大门，商人旅客可以放心地露宿野外。

柏拉图和莫尔心中的理想国姑且不论可否真正建立，但这些国度的建立无疑都需要人们具备绝对高尚的情操与品德。而孔子心中的理想社会，则对人、社会提出了更加具体的要求和规范，他基于人性的灵魂深度去构筑"人人为公"的理想国度，为了实现理想中的大同世界，付出了毕生的时间，他的精神和思想也成为我国古代社会的基本思想框架，甚至到了今天，人们仍在追求孔子所构想的理想国。

用今天的眼光看，一个理想的社会必然是物质文明和精神文明并驾齐驱的社会。物质文明是社会运转的根基，精神文明则是物质文明不断繁荣的动力。党的二十大报告就指出，中国式现代化是人口规模巨大的现代化，是全体人民共同富裕的现代化，是物质文明和精神文明相协调的现代化，是人与自然和谐共生的现代化，是走和平发展道路的现代化。

不同时代的人或许追求不同的理想国，但往往也都追求以天下为己任、为全民谋幸福。

✦ 探索美

◎ 探索目标

1. 理解人之美，培养文明精神。
2. 体会礼仪之美，感受礼仪对社会的意义和作用。
3. 领会法治之美，领悟法治与和谐社会的密切联系。

◎ 美美与共

培养美好品德，提升礼仪修养，遵循法治正义，发挥个人的思想力量和行动力量，构建和谐美好的社会。

任务一　理解人之美：文明其精神

人是社会的主体，人之美是构成社会之美的关键。"至圣先师"孔子一生推崇礼制，以仁、义、礼定义君子的品格，倡导以仁、义、礼、乐教化人民，培养具有较高文化修养和美好道德品质的人，这种思想构成了中华民族文明精神的基因。当个人的言行举止、声音笑貌表现出内在的精神美、灵魂美时，社会自然就会形成独特的风姿美、风神美。我们可以从不同的维度来领会人之美的内涵，感受人性的美好，体味社会的文明。

一、美与善之思

《孟子·尽心下》记载："可欲之谓善，有诸己之谓信，充实之谓美。"值得亲近追求的叫作善，自己具备善的品质叫作信，全身充满了善叫作美。孟子将"美"置于"善""信"之上，"美"不能脱离"善"，但又高于"善"。他认为人必须具备仁义道德等内在品质，并将内在品质贯注、充盈到自己的人格中去，使自己的形体、容色、处事态度等处处都体现出"仁义礼智"四德。

中华民族是一个注重内在的民族，中国古代哲学非常重视内审、自省，这突出体现为对"心"的重视：儒家修心重礼，以仁义为心；道家修心重无，以自然为心。心修到一定境界，就可以达到美。正是这种思想与观念，让中华民族十分重视人格的培养。

从心理学的角度看，人格是人的个性，而从伦理学的观点看，人格就是人的品格。人格美，是从人较高的自我修养、良好的道德意识、出众的品格特质等方面体现出的。具有感召力的精神力量，是人格美最高级的体现。处变不惊、大公无私、自强不息、讲信修睦、立德树人、与人为善、团结互助、仁爱和谐、和平共处……都属于人格美的范畴。

从古至今，无数名士的人格之光照耀着每一代人。他们或居于风云变幻的乱世，或居于海晏河清的盛世，他们追求理想，培养品德，为民请命，凤夜在公，塑造了中华民族内容丰富、博大精深的文明宝库。而在国家焕发强大生命力的今天，我们仍然要强调和发扬人格精神，崇尚人格美，造就符合社会主义精神文明建设要求的社会。

❀ 欣赏美

千年传承的人格美

人格美在中华传统文化中具有十分独特的地位，从古至今流传了无数有关人格美的典型事迹，这些事迹也体现了中华民族的风范。

清末维新志士谭嗣同，一生致力于革除积弊，富国强兵，其领导戊戌变法，公开提出废科举、兴学校、开矿藏、修铁路、办工厂、改官制等变法维新的主张。但在清廷封建保守势力的反扑下，不仅变法最终失败，相关人员也被追捕，谭嗣同决心以死来殉变法事业，对劝他离开的人说："各国变法无不从流血而成，今日中国未闻有因变法而流血者，此国之所以不昌也。有之，请自嗣同始。"被捕入狱后，他留下"望门投止思张俭，忍死须臾待杜根；我自横刀向天笑，去留肝胆两昆仑。"（《狱中题壁》）这首绝命诗。在临刑之时，谭嗣同高喊："有心杀贼，无力回天，死得其所，快哉快哉！"随即慷慨就义。戊戌变法虽然失败，谭嗣同也被杀，但他那种愿以颈血刷污政的视死如归的精神不仅直指清政府的腐败和黑暗，同时也为人民树立了一座不朽的丰碑，让后人永远敬仰。

在中华上下五千年历史中，谭嗣同绝非孤例：伯夷、叔齐不食周粟，饿死于首阳山下，用生命捍卫了自己的信念；苏武持节牧羊北海边，19年不改其志，在苦难中坚守自己的立场；万户亲身试验自己研制的航空器，在火药的爆炸中腾空而起，用生命践行了自己的理念……"我们从古以来，就有埋头苦干的人，有拼命硬干的人，有为民请命的人，有舍身求法的人，……虽是等于为帝王将相作家谱的所谓'正史'，也往往掩不住他们的光耀，这就是中国的脊梁。"（《中国人失掉自信力了吗》）

> **感悟：**人格美是对精神文明的最高追求，彰显了人性的璀璨光辉。自古以来，无数中华儿女以自己的实际行动，铸就了人格的丰碑，激励了一代又一代的中国人。

二、身体与姿态

人格之美，是人之美的内涵，而体态之美，则是人之美的基本表现。

人之美，首先体现为人体美。明晰的头脑、敏锐的感觉、力量与灵活性兼具的四肢、充沛的精力……自然禀赋使得人类能够在百万年前就踏足大陆，点燃文明的星火，繁盛至今。

人类很早就意识到了人体蕴含的美，古往今来，无数人试图为人体美建立起确定的标准：

古埃及人以脸的长度为中指长度的2.5倍为美，古罗马人以脸的长度为身高的1/8为美，中国古代则以"三庭五眼"的比例规范面部之美。

无可置疑的是，无论对人体美做出怎样的规定，人体美的基础都是健康。健康代表着身体发育良好，体形匀称，人体各系统具有良好的生理功能，同时也代表着人拥有良好的精神状态。古希腊哲学家赫拉克利特曾说："如果没有健康，智慧就不能表现出来，文化无从施展，力量不能战斗，财富变成废物，知识也无法利用。"可见健康是人们追求自身发展的基础，创造自己美好人生的先决条件。

艺术家们也很早就认识到了人体美。在古希腊雕刻中，有不少以表现人体为主题的雕塑作品。米隆的《掷铁饼者》抓住了"铁饼摆回到最高点、即将抛出的一刹那"，掷铁饼者全身肌肉紧绷，双臂如同一张拉满的弓"引而不发"，整个躯体充满了运动感和节奏感，人体的和谐、健美都在这一个动作中被展现得淋漓尽致。

今天，人们对人体美的追求愈发多样化和个性化，身体的曲线是美，运动的姿态是美，自信的动作是美……一言以蔽之，只要人拥有健康与活力，就能感受到美的力量。

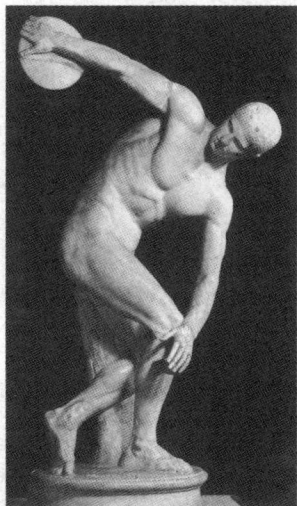

《掷铁饼者》（大理石复制品）　　　　　　　　　运动的姿态

三、精神与心灵

身体与姿态之美是外在的美，精神与心灵之美则是内在的美，它涉及思想、情感、品德、智慧等多个方面，是人的内在状态和品质的表现。

外表的美可以取悦眼睛，内在的美则能感染灵魂。一个具备精神与心灵之美的人，不仅善良仁爱、诚实正直，而且还具备出众的智慧和思想，能够独立思考问题，理解复杂的概念和思维方式，并能以积极的态度应对挑战和困难；有一定的深度与广度，能够理解、感受和表达各种情感，与他人建立更加紧密的情感连接；内心平和宁静，通过"修炼"内心，培养积极的心态和情绪管理能力，处变不惊，安之若素。

心灵美的人也更能谅解与宽恕他人，包容他人的缺点和过失，理解他人的处境和感受，乐于对他人付出关心、表达善意，同时自己也能保持积极向上的态度。

只有当美真正走入灵魂的深处，我们才能潜移默化地塑造心灵世界，让美超越技艺与知识，成就更有高度、更有境界、更有品位、更有内涵的人生。

四、优雅与崇高

我国著名思想家梁漱溟曾说："盖人类入于社会主义时期以至共产主义时期，是最需切道德而道德又充分可能之时。那时道德生活不是枯燥的生活，恰是优美文雅的生活，将表现为整个社会人生的艺术化。"

人一出生就要吃穿，要房舍以蔽风雨，要依靠外物来生活。但过于重物，容易失去本心，甚至因物欲过重而导致行为出现偏颇。因而人们需要修德，平衡物质需求与精神需求，过优美文雅的生活。女作家杨绛一生创作多部文学作品，她的百年岁月中时有动荡与波折，但她始终不改初心，用智慧阔达、宁静从容、淡定内敛，诠释了优美文雅的一生。

那么，什么是优雅的一生？

优雅的一生，必然是自尊、自信、自爱的一生。当代社会环境中，时有不付出努力就奢望精致生活的声音，这显然是不对的。用自己的能力、付出和奋斗赢得金钱、尊重和自我实现，享受自己的生活，塑造充满个人魅力的人格、风情和韵味，不必卑躬屈膝，自由而舒适，这才是自尊而优雅的一生。

优雅的一生，也必然充满仁爱、宽容、平和。只有拥有这样的胸襟，我们才能超然度日、泰然处世，我们才能从容面对生活、工作中的各种问题。

优雅的一生，必然也是智慧、成熟的一生。正所谓"腹有诗书气自华"，智慧让人谈吐不凡、阅历丰富，成熟让人彬彬有礼、文明得体，智慧和成熟让人实现从外而内的转变，优雅的气质也会由内而外地体现出来。

优雅的一生也是美感丰富的一生。我们能感受美、享受美，用美涤荡心灵与情操，并通过学习、聆听、表达不断提升自己，不断创造更美好、更理想的生活。

我们追求优雅的人生，同时也尊重崇高的人生。汶川大地震时，面对大自然恐怖的压迫力，面对震区的黑暗、孤寂与威胁，15名空降兵从4000余米高空盲跳，帮助封闭的震区与外部建立起宝贵的联系，这正是崇高精神的体现。一个崇高的人必然有宽广的胸怀，这胸怀不仅能装下世俗生活，还能装下国家。一个崇高的人必然也是心灵伟大而高贵的人，他们有为他人、为社会、为国家、为人类谋求幸福、不惧牺牲的精神与信仰，他们也有正义感，有时代担当，有全球化思维和人类命运共同体意识，他们胸怀热情，执着、坚韧、顽强，蓬勃向上，敢于担起国家与时代的重任。

当代青年是新时代的青年，是国家和民族的未来，其不仅要为自己规划一个优雅的人生，也要具有崇高的情怀，为社会的发展做出贡献。

扑救重庆山火

抗洪抢险

任务二　体会礼仪之美：人无礼则不生

《左传》记载："礼，经国家，定社稷，序民人，利后嗣者也。"意即礼仪礼制可以治理国家，安定社稷，教化人民，造福后世。礼乐文化的起源与中华民族的形成息息相关，五帝时期，巫祝文化盛行，夏、商时尊天命，敬鬼神。武王克商后，周人登上政治舞台，全面推行礼乐之治，自此，中华民族文化实现了从敬鬼神到尚礼乐的转变。周礼是先秦时期文化领域的标准思想，后来，其适用范围和功能发生移转，但其对社会生活秩序的塑造和维持作用却得到了保留，并影响至今。我们可以审视礼仪的古今之变，体会当代礼仪的容止美、语言美、体态美与行为美，感受礼仪的魅力。

一、有礼仪之大，故称夏

"中国有礼仪之大，故称夏；有服章之美，谓之华。"（《春秋左传正义》）"夏"有盛大的意思，疆域广阔、文化繁荣、文明兴盛，即为夏。那么何为礼仪？

在古代，"礼"是符合道德规范与政治制度要求的礼制、准则，个人、社会、国家的重要仪式、仪典都是在"礼"的准则下进行的。"仪"则是指法度、准则、礼节、规矩、仪容、举止等。二者联系紧密，常常连用，因而形成"礼仪"一词。

从周朝"制礼作乐"，实施礼乐制度开始，"礼仪"就成为中华民族文化中的深刻烙印。早期的"礼"或许源于祭祀祖先神灵，古人通过严格、规范的祭祀程序，表达仪式的重要与神圣。郭沫若就认为："大概礼之起源于祀神，故其字后来从示，其后扩展而为对人，更其后扩展而为吉、凶、军、宾、嘉的各种仪制。"

"礼"在中华大地上传承了几千年，故中国也被称作"礼仪之邦"。古代礼仪程式严谨，吉（祭祀之礼，如祭天、祭祖、祭神等）、凶（如丧礼、荒礼、吊礼、恤礼等）、宾（朝觐会同之礼）、军（军事战争之礼）、嘉（饮食礼、婚冠礼、宾射礼、筵宴礼、贺庆礼等）各有规范。儒家也用"礼"来约束人的举止，对于坐、站、行、拜见、宴饮、做客、侍奉父母等行为都有举止方面的规范。

到了现代，为了顺应时代的发展，"礼"的作用和形式发生了变化，但依旧是人们在社会交往活动中，为了相互尊重，在仪容、仪表、仪态、仪式等方面约定俗成的、共同认可的行为规范。

礼仪是时代的典章制度，礼仪之美即是伦理美、言行美、尊重自己与他人之美。从古至今，尽管礼仪的内容发生了变化，但社会始终在倡导礼仪，人们仍然在学习礼仪，中华文明依旧需要礼仪。

二、容止与语言

人的仪容、举止、语言是礼仪之美最根本的表现。

1. 仪容之美

容貌之美是人的外在美，良好的仪容也是尊重他人、爱护自己的体现。在现实生活中，我们需要面见一位重要人物，如长辈、亲友，或者面试官时，都会尽量将自己打扮得大方得体，让对方感受到我们对这次会面的重视及对对方的尊重，这其实就是一种"礼"。另外，得体的仪容也体现了对自己的"礼"，以及对自己的尊重与爱。

2. 举止之美

举止之美则表现在日常生活的举手投足、一颦一笑间。举止体现着人的修养和风度，而"礼"对于个人举止的要求就是得体。得体即适当，是恰如其分，是根据所处环境、所面对的人而做出恰当的举止，把握好亲昵与冷淡、庄重与放松、严肃与诙谐的度。形象端庄、仪态大方、举止得体、行为礼貌等，都是日常生活中举止之美的体现。

3. 语言之美

语言是交流的工具，也是"礼"之美的体现。语言之礼忌误读，忌低俗，忌不敬。面对长者谦逊，面对幼者谦和，在有的场合言谈风趣、出口成章，在有的场合力求言语简明扼要、通俗易懂，会表达、善沟通，勤用礼貌用语，就是"礼"。

三、体态与行为

体态与行为是人的"身体语言"，同时也是礼仪之美的综合体现。

俗话说："坐有坐相，站有站相。"意指人坐、立都应该保持正确的姿势，这是为了养成良好的体态，也强调了人要注重自己的仪态。又如"站如松，坐如钟，行如风"，要求人站着要像松树那样挺拔，坐着要像钟那样端正，行走要像风那样快而有力，这是对体态的要求，也是对礼仪的要求。因为具备站、坐、行的礼，所以产生有关站、坐、行的审美，由此规范了人的体态如松、如钟、如风的审美特征。

行为美是体态美的延续，可以展现一种内在的气质与风度。行为美体现于日常行为的细节中，凡是有益于人民，有助于历史发展，充分体现社会进步倾向的行为，都可称为美的行为，而在日常生活中，我们通常可以认为受到社会舆论的肯定和赞扬的行为是美的行为。

行为美属于受社会文化和时代影响巨大的审美范畴，在传统礼仪规范中，"向陌生人泼水"毫无疑问是一种不礼貌的行为。但在傣历新年时，人们纷纷走出家门，以互相泼水为乐，大家在一片欢乐中释放压力、接受祝福，让"向陌生人泼水"这一行为具备了美的含义。

任务三　领会法治之美：天下为公

《山海经·海外东经》中记载了一个古国——君子国，这个国家的人互相谦让，不争抢，它因而成为后世推崇的理想国。事实上，君子国很可能是原始公社，推行生产资料公有，产品平均分配，因而人人"好让不争"。但随着生产力的发展，私有制出现，阶级甚至国家出现，平等分配的情况逐渐消失。这时，阶级社会就需要依靠法律来维护阶级统治和社会秩序，法也由此诞生。法是人类社会发展到一定历史阶段才出现的社会现象，在不同的社会阶段，法也具有不同的意义和作用。我们可以探索古今法治之异，了解法治的作用，体会法治之美。

一、古代法治：礼法相合，家国相通

中国是世界文明古国，其历史悠久深厚，法律文化也源远流长。在夏商时期，中国法治以"神权"为核心，王是"天命所归"。周朝宣扬"以德配天"，施行礼乐之制，且为了维护统治，周朝全面确立了宗法制，并以此影响后世。

按照周朝的宗法制，宗族分为大宗和小宗。周天子是天下的大宗，诸侯对于周天子而言是小宗。但在自己的封国内，诸侯是大宗，诸侯之子分封卿大夫，是为小宗。郭沫若在《中国史稿》中说："周朝为了巩固奴隶制的统治秩序，利用着以血缘为基础的氏族组织演变而来的宗法关系，确立了一套比商代更加系统的宗法制。"这样的宗法制为奴隶主贵族们建立起周密的统治网，使周朝国祚绵延近800年，也使周朝及后世的法治体系呈现出独有的特征。

1. 礼法相合

周朝的礼，本质上是阶级社会的统治手段，周朝以礼分尊卑、明伦理，强调嫡长子的继承与血脉延续，从而让"贵者恒贵"。这时的礼具有法律的效力，因而可以说是礼法同源，礼法相合，礼法互补。

后法家反对礼治，主张法治，即以法治国。春秋时期的政治家管仲大兴改革，富国强兵，是法家的先驱，他"以法治国"的主张让中国法治历史翻开了新的一页。

2. 家国相通

周朝的宗法制是以宗法血缘关系为基础形成的制度，造就了我国古代家国相通的法治特征。后世常言"国有国法，家有家规"，正说明国家不仅有国家政治制度层面的法律，也有以家庭为单位的家族法，二者相互补充。皇帝是一国之主，是最大的家族之主，父系是一家之主，家是国的最小单元。

礼法相合和宗法家长制丰富了我国古代法治的文化内容，但也破坏了社会的公平与正义，因而并不适用于现代社会。我们既要欣赏古代法治在维护社会秩序、稳定国家社稷方面的意义，也要摒弃其中的糟粕，以发展的眼光品味法治之美。

二、现代法治：正义、秩序、效益、崇高

亚里士多德认为："法治包含两重意义：已成立的法律获得普遍的服从，而大家所服从的法律本身是制定良好的法律。"简而言之，法治首先是良法，其次要得到很好的执行。

但何谓良法？以现代的眼光看，法治强调的是以人为本，给予人关怀，关注人的生存和发展，重视人的身心健康，最终实现社会和人的和谐。而要实现这一目的，法治就必须具备正义、秩序、效益、崇高等特性。

1. 正义之美

倘若社会失去正义，没有对人性向善的思考和引导，社会的秩序就会崩溃，人们就会生活在猜忌和惶惑之中。而法，就是维护社会公平与正义的有效工具，是对正义的追求和坚守。歌德曾说，法律和礼貌这两种力量可以带来安定。因而在一个公平、正义的社会中，法治必不可少。

法要维护秩序，同时也要凸显对人的关怀。法的正义并不是对法律的僵硬实施，而是要在其中体现正义的原则、对人的关怀，将法律正义的一面和有情感的一面体现出来，从而构建一个美丽、正义、和谐的社会。

从古至今，人情与法理的冲突都难以避免：枉顾人情，则法理缺少对人的关怀；枉顾法理，则法就难以维持基本的秩序与正义。但法是社会的规则体系，不容破坏，因而国家追求科学立法、严格执法、公正司法、全民守法。

2. 秩序之美

古代很多思想家都对理想国进行了畅想，在他们描绘的"大同社会"中，人们共同劳动、按需分配、丰衣足食，社会一片和谐美好。然而，如何维持这种和谐美好呢？这就需要法来对伦理、对秩序、对规则进行约束。

秩序之美是法最本质的美，法让权利、义务的分配和复杂多变的人际关系变得简单，人们在公正、和谐、稳定的环境中可以安稳生活，既享有自由，又充分安全。破坏秩序，则意味着破坏了稳定，人民安全也受到威胁，因而人人都必须遵守法规定的秩序，这样社会才能和谐。

3. 效益之美

这里说的效益，指既快又好。法的效益之美不仅体现在执法的过程中，还体现在文书的简练、准确上。在执法流程上，要事实清楚、证据确凿，也要及时宣判。在文书写作上，既要表述规范，也要简练准确。通过这种效益，人们能感受法治实践的良好效果，也更能领会法所维护的正义。

当然，法也是不断进步的。随着时代的进步，体现人民意志、维护人民权益的法律也需及时更新，科学立法可以有效提升法的约束力和可执行性，提高法的效益。

4. 崇高之美

崇高代表昂扬向上，而法的崇高，既体现了正义的崇高，也体现了人格的崇高。法代表着正义的一方，法律是崇高的，人人都要遵守。法庭是崇高的，人人都要维持法庭的严肃，维护法庭的纪律。维护法律尊严、坚守法律正义、坚定法律信念的法务工作者也是崇高的，是他们推动法的实施，维护法的庄严。法的审判也是崇高的，无论是法院审理案件的规定、法庭的建设布局、法官使用的工具，还是案件审判的流程，都是庄重、威严的，让人油然而生崇敬之感。

⭐ 体验美

从《感动中国2022年度人物颁奖盛典》中感受人之美

英雄的故事总是能够触动人的心灵，他们有着平凡的名字，却有着不平凡的故事，他们在祖国的大地上播撒奋斗的种子，为了国防、为了乡村、为了粮食、为了安全、为了梦想……他们将人之美篆刻在中国发展的史诗中。

《感动中国》被誉为"中国人的年度精神史诗"，请同学们搜索《感动中国2022年度人物颁奖盛典》（或《忠骨》），观看其内容，了解相关人物催人奋进的故事，感知他们的精神之美、意志之美、奉献之美，向他们致敬。

《感动中国2022年度人物颁奖盛典》（截图）

⭐ 创造美

参加志愿者活动

人之美、社会之美往往都是在实践中体现的。有的人一生专注做一件事，有的人为国家奉献青春。我们只有真正参与实践，才能切身体会到他们的精神力量，才能深刻感悟到他们的专注、坚韧与拼搏。因此，要体验人之美、社会之美，我们就要真正实践起来，用心去感受，用心去学习。

1. 活动目的

参加志愿者活动，奉献自己的爱心和力量，提升自己的道德水平，为构建社会之美添砖加瓦。

2. 活动形式

全班同学分为若干小组，各小组4～6人。每个小组选择一个志愿者活动形式，例如爱心助老志愿者活动、爱心助残志愿者活动、爱心助困志愿者活动、爱心助学志愿者活动、文明社区志愿者活动、生态环保志愿者活动等。然后根据所选的志愿者活动形式，策划活动方案，制订详细的活动计划，并按计划实施和执行。可遵照以下流程制订活动计划。

01	02	03	04	05
小组讨论，并选择志愿者活动形式	商议活动方案，确定活动地点、时间、具体形式等	制订活动计划，包括时间安排、人员安排等	备注活动注意事项，并开展活动	分享心得与体会

3. 活动要求

（1）请同学们积极参与活动，尽量选择在休息日开展活动。

（2）活动过程中注意安全，不要单独活动。

（3）活动结束后，可总结心得体会，记录自己的活动收获。

参考文献

［1］沙家强. 大学美育十六讲［M］. 北京：高等教育出版社，2019.

［2］陈元贵. 大学美育［M］. 北京：高等教育出版社，2014.

［3］曹晖. 美学概论［M］. 北京：对外经济贸易大学出版社，2014.

［4］王一川，郭必恒. 大学美育［M］. 北京：北京师范大学出版社，2021.

［5］陈沛捷，黄斌斌，吴樱子. 大学美育［M］. 北京：清华大学出版社，2022.

［6］张军华. 从柏拉图到黑格尔 认识与审美［J］. 广西师范学院学报（哲学社会科学版），1997（01）：21-26.

［7］宗白华. 美学散步[M]. 上海：上海人民出版社，2006.

［8］李泽厚. 华夏美学[M]. 天津：天津社会科学院出版社，2002.

［9］刘莹. 对我国古典文学美的探究［J］. 学理论，2013（3）：151-152.